O ESTUDANTE IMAGINÁRIO
UMA NAVEGAÇÃO MEDIADA PELO IMAGINÁRIO DA APRENDIZAGEM NO AUTISMO

Editora Appris Ltda.
1.ª Edição - Copyright© 2025 dos autores
Direitos de Edição Reservados à Editora Appris Ltda.

Nenhuma parte desta obra poderá ser utilizada indevidamente, sem estar de acordo com a Lei nº 9.610/98. Se incorreções forem encontradas, serão de exclusiva responsabilidade de seus organizadores. Foi realizado o Depósito Legal na Fundação Biblioteca Nacional, de acordo com as Leis nºs 10.994, de 14/12/2004, e 12.192, de 14/01/2010.

Catalogação na Fonte
Elaborado por: Dayanne Leal Souza
Bibliotecária CRB 9/2162

S586e 2025	Silva, Lourival Araujo da O estudante imaginário: uma navegação mediada pelo imaginário da aprendizagem no autismo / Lourival Araujo da Silva. – 1. ed. – Curitiba: Appris, 2025. 212 p. : il. ; 23 cm. Inclui referências. ISBN 978-65-250-7822-9 1. Imaginário. 2. Autismo. 3. Design. 4. Educacional. I. Silva, Lourival Araujo da. II. Título. CDD – 616.89

Livro de acordo com a normalização técnica da ABNT

Appris *editorial*

Editora e Livraria Appris Ltda.
Av. Manoel Ribas, 2265 – Mercês
Curitiba/PR – CEP: 80810-002
Tel. (41) 3156 - 4731
www.editoraappris.com.br

Printed in Brazil
Impresso no Brasil

Lourival Araujo da Silva

O ESTUDANTE IMAGINÁRIO
UMA NAVEGAÇÃO MEDIADA PELO IMAGINÁRIO
DA APRENDIZAGEM NO AUTISMO

Appris
editora

Curitiba, PR
2025

FICHA TÉCNICA

EDITORIAL
Augusto Coelho
Sara C. de Andrade Coelho

COMITÊ EDITORIAL E CONSULTORIAS
Ana El Achkar (Universo/RJ)
Andréa Barbosa Gouveia (UFPR)
Antonio Evangelista de Souza Netto (PUC-SP)
Belinda Cunha (UFPB)
Délton Winter de Carvalho (FMP)
Edson da Silva (UFVJM)
Eliete Correia dos Santos (UEPB)
Erineu Foerste (Ufes)
Fabiano Santos (UERJ-IESP)
Francinete Fernandes de Sousa (UEPB)
Francisco Carlos Duarte (PUCPR)
Francisco de Assis (Fiam-Faam-SP-Brasil)
Gláucia Figueiredo (UNIPAMPA/ UDELAR)
Jacques de Lima Ferreira (UNOESC)
Jean Carlos Gonçalves (UFPR)
José Wálter Nunes (UnB)
Junia de Vilhena (PUC-RIO)
Lucas Mesquita (UNILA)
Márcia Gonçalves (Unitau)
Maria Margarida de Andrade (Umack)
Marilda A. Behrens (PUCPR)
Marília Andrade Torales Campos (UFPR)
Marli C. de Andrade
Patrícia L. Torres (PUCPR)
Paula Costa Mosca Macedo (UNIFESP)
Ramon Blanco (UNILA)
Roberta Ecleide Kelly (NEPE)
Roque Ismael da Costa Güllich (UFFS)
Sergio Gomes (UFRJ)
Tiago Gagliano Pinto Alberto (PUCPR)
Toni Reis (UP)
Valdomiro de Oliveira (UFPR)

SUPERVISORA EDITORIAL
Renata C. Lopes

PRODUÇÃO EDITORIAL
Adrielli de Almeida

REVISÃO
Árie Lingnau

DIAGRAMAÇÃO
Andrezza Libel

CAPA
Dani Baum

REVISÃO DE PROVA
Lavínia Albuquerque

Dedico este trabalho à minha mãe, D. Maria de Lourdes, à minha esposa, Telma, e aos meus filhos, Daniel e Felipe.

Aos professores que tornaram este trabalho possível.

Aos corajosos alunos com Transtorno do Espectro Autista que embarcaram nessa viagem.

Aos amigos e amigas que estiveram juntos durante esse processo longo e muito intenso.

Os limites da minha linguagem são os limites do meu mundo.

(Ludwig Wittgenstein)

SUMÁRIO

1

INTRODUÇÃO..11

2

O IMAGINÁRIO ANTROPOLÓGICO.. 19

2.1 As estruturas antropológicas do imaginário 21

2.2 O trajeto antropológico 25

2.3 Jornadas e construção de identidades 36

3

O *DESIGN ANTHROPOLOGY* E O TESTE AT9/ATL.9 47

3.1 A metodologia de *Design Anthropology* 47

3.2 O Teste Antropológico (AT9/ATL9) 49

3.3 A estrutura do teste AT9 52

3.4 A análise do conteúdo figurado nos protocolos AT9 63

4

O INQUIRIDOR GRÁFICO SEMIÓTICO (IG) 77

4.1 A inquirição gráfica de conceitos 77

4.2 A construção mediada do conceito... 85

    4.2.1 A pesquisa guiada 85

    4.2.2 A pesquisa compartilhada 90

5

UMA CONSTRUÇÃO IMAGINÁRIA 95

5.1 Os reflexos do imaginário no pensamento metodológico em Design 95

5.2 O método etnográfico em *Design Anthropology*...............................100

5.3 O desenho da pesquisa...103

6

ANÁLISE DOS DADOS E DISCUSSÃO DOS RESULTADOS 111

6.1 Os protocolos de entrevista – contexto...111

    6.1.1 Protocolo de pesquisa número 1 - Teste AT9 (aluna) 114

        6.1.1.1 Inquiridor Gráfico (IG)...121

6.1.1.2 Teste Arquetípico de Lugar (ATL9) 126

6.1.1.3 Representação do espaço íntimo - ATL.9 127

6.1.1.4 Representação do espaço compartilhado - ATL9 130

6.1.1.5 Síntese do protocolo número 1 - ATL9 131

6.1.2 Protocolo de pesquisa número 2 - Teste AT9 (aluno 2) 135

6.1.2.1 Inquiridor Gráfico (IG) 140

6.1.3 Protocolo de pesquisa número 3 - Teste AT9 (aluno 3) 144

6.1.3.1 Inquiridor Gráfico (IG) 150

6.1.3.2 Teste Arquetípico de Lugar (ATL.9) 153

6.1.3.3 Representação do espaço compartilhado - ATL.9 155

6.1.3.4 Síntese do protocolo de pesquisa número 3 - ATL9 157

6.1.4 Protocolo de pesquisa número 4 - Teste AT9 (professora) 160

6.1.4.1 Inquiridor Gráfico (IG) 166

6.1.4.2 Teste Arquetípico de Lugar (ATL.9) 169

6.1.4.3 Representação do espaço compartilhado - ATL9 172

6.1.4.4 Síntese do protocolo de pesquisa número 4 - ATL9 174

6.2 Síntese dos dados do teste antropológico - AT9 177

6.3 Síntese dos dados obtidos do Inquiridor Gráfico Semiótico (IG) 184

6.4 Síntese dos dados do Teste Antropológico de Lugar (ATL9) 188

7
CONSIDERAÇÕES FINAIS 203

REFERÊNCIAS 207

INTRODUÇÃO

O desenvolvimento de processos de educação inclusiva tornou-se fundamental para a criação de opções sustentáveis de aprendizagem e fazer frente aos desafios relacionados. Nesse sentido, a Organização das Nações Unidas para a Educação, a Ciência e a Cultura (UNESCO) estabeleceu metas de inclusão para uma educação de qualidade que seja significativa no século XXI. Dessa forma, propôs que os processos educacionais sejam definidos visando "garantir o acesso à educação inclusiva, de qualidade e equitativa, e promover oportunidades de aprendizagem ao longo da vida para todos" (UNESCO, 2022).

A presente pesquisa investiga em caráter exploratório, a aplicação da metodologia de pesquisa em *Design Anthropology*, com o suporte da teoria do imaginário, ao ensino de conceitos de Design aos alunos neurodivergentes com Transtorno do Espectro Autista (TEA), em um curso de graduação em Design. Segundo o DSM-V, existem três níveis de suporte ao transtorno do autismo: nível leve, nível moderado e nível severo. Os sintomas leves são caracterizados por dificuldade para iniciar interações sociais, interesse reduzido por socialização, tentativa malsucedida de fazer amizades, comportamento inflexível, problemas de organização e planejamento, entre outros. Nesse nível, as pessoas precisam de apoio, mas ele não é substancial. Todos os estudantes voluntários da presente pesquisa apresentavam a necessidade de um nível leve de suporte ao autismo.

É importante destacar que a literatura especializada tem acentuado as restrições cognitivas associadas ao comportamento de pessoas com Transtorno do Espectro Autista (TEA), e indicado a existência de diferentes graus de rigidez relacionados aos processos de interação entre as pessoas (APA, 2014, p. 94):

> O transtorno do espectro autista (TEA) é um transtorno do neurodesenvolvimento caracterizado e diagnosticado por déficits significativos na comunicação social e interação social, sendo esta sua principal característica definidora, apresentando também comportamentos repetitivos e inte-

resses restritos. Estas características ocorrem em início precoce com gravidade variável levando a problemas na aprendizagem e na adaptação.

Observa-se, contudo, a inexistência de investigações sobre os níveis de prevalência dos jovens com TEA nas instituições de ensino superior, o que cria a necessidade de um conhecimento fundamentado que possa servir de base para uma prática educacional direcionada à inclusão. Essa necessidade torna-se ainda mais intensa quando se considera que a incidência de TEA na população é crescente e o impacto da demanda sobre o sistema educacional se dará de forma progressiva.

A inexistência de dados atualizados sobre TEA na população do Brasil começou a ser superada através da fundamentação na Lei 12.764, de 27 de dezembro de 2012, que estabelece a Política Nacional de Proteção dos Direitos da Pessoa com Transtorno do Espectro Autista, define a existência de prioridade para as pesquisas científicas sobre o tema (inciso VIII do art. 2º) e, ainda, propõe o estímulo à inserção da pessoa com TEA no mercado de trabalho (inciso V do art. 1º). No entanto, a superação da lacuna informacional começou a acontecer com quase uma década de atraso. Somente no censo populacional brasileiro do ano de 2020 iniciou-se o processo de recenseamento da população com TEA, em atendimento à Lei 13.861, de 18 de julho de 2019, mas a incidência da pandemia de Covid-19 retardou o processo de captura e tratamento dos dados relacionados.

Existem problemas diversos relacionados ao hiato existente na obtenção dos dados que se refletem na produção de conhecimento e de políticas aplicáveis ao ensino, tais como: a mudança conceitual existente nas diferentes versões dos inquéritos populacionais; a dificuldade de elaboração de políticas públicas e programas educacionais adequados, em virtude do grande lapso temporal; e a falta de atendimento às especificidades da população com o transtorno, em virtude das especificidades populacionais de um país com a dimensão continental do Brasil.

O estudo pioneiro sobre o autismo no Brasil tratava o assunto sob a perspectiva epidemiológica e sob a conceituação de Transtornos Invasivos do Desenvolvimento (TID), mas não apresentava referência sobre a aplicação direcionada ao campo da aprendizagem. Como se observa na caracterização desenvolvida pela autora do estudo (Ribeiro, 2007, p. 7):

> Os Transtornos Invasivos do Desenvolvimento (TID) são caracterizados por uma tríade de comprometimentos em três áreas do desenvolvimento: interação social, comunica-

> ção e comportamentos restritos e estereotipados. Estudos epidemiológicos dos TID ao redor do mundo apontam um aumento do número de casos a partir da década de 90, sendo as taxas atualmente consideradas entre 30 a 60 para 10000. Não existem estudos de prevalência dos TID em países em desenvolvimento. O objetivo deste trabalho foi testar a viabilidade metodológica de um estudo piloto de prevalência de TID e analisar a taxa de prevalência encontrada.

A investigação referida encontrou uma prevalência de TID de 0,88% na população estudada e uma razão de 3:1 de meninos para cada menina (Ribeiro, 2007, p. 71), mas o estudo é antigo e restringiu-se a um universo de 1.470 crianças, entre 7 e 12 anos, em uma única cidade brasileira. Dessa forma, a referência mais precisa para o acompanhamento da incidência na população mundial continua sendo o relatório realizado pelo Centro de Controle de Doenças (CDC), referente à população dos Estados Unidos. Nesse monitoramento populacional, consideram-se as crianças a partir dos 8 anos, mas serve como parâmetro para acompanhamento da variação populacional e é atualizado a cada dois anos. A última atualização (Maenner *et al.*, 2023) aponta que 1 em cada 36 crianças de 8 anos são autistas nos Estados Unidos, o que significa 2,8% da população daquele país.

Revisões sistemáticas desenvolvidas sobre o crescimento da população com TEA apontam para necessidades de processos educacionais que permitam nivelar as metodologias que tratam da integração entre pessoas neurotípicas e neuroatípicas (Paro *et al.*, 2024):

> Demer (2018) traz um prognóstico desafiador para a próxima década, já que aproximadamente meio milhão de adolescentes no espectro do autismo farão a transição para a idade adulta. Isso significa que a população com TEA está envelhecendo e com isso interagindo com uma comunidade mais ampla, incluindo médicos neurotípicos de diversas especialidades com pouca ou nenhuma experiência em atendimento de pacientes no espectro.

O crescimento da participação de pessoas com autismo nos espaços de ensino-aprendizagem, particularmente no ensino superior, não pode ser referido apenas às restrições apontadas pelo campo das ciências da saúde. Existe a necessidade de abordagens em que essas restrições possam coexistir ou serem contornadas pelo processo de aprendizado.

A minha procura por um campo relevante para uma contribuição conduziu a pesquisa de mestrado a um caminho em que encontrei o grupo de pesquisa SANKOFA, cuja imagem apresenta um pássaro com um ovo na boca, realizando um movimento com a cabeça voltada para trás. Essa imagem diz respeito à conexão entre o passado e o futuro. Esse grupo era coordenado pela minha orientadora, Dr.ª Tatalina Oliveira, e era formado por um conjunto de jovens dedicados e muito determinados. Nele, tive a oportunidade de acompanhar as atualizações das pesquisas no campo da neurodiversidade. A imagem do pássaro SANKOFA inspira e remete, em sua iconicidade, às relações entre aquilo que se realizou no passado e o que se poderá realizar no futuro.

No meio do caminho tinha umas pedras, essenciais para construir catedrais.

No processo de familiarização com a obra de Gilbert Durand tive a oportunidade de florescer em contato com as investigações em Semiótica do professor e tradutor André Carvalho, com investigações sobre cultura popular e imaginário, aplicando os conceitos da semiótica francesa à produção cinematográfica contemporânea. Certamente, há que agradecer a alguém com coragem para aplicar uma pesquisa de mestrado ao estudo do Pato Donald.

Um novo nível de desenvolvimento foi obtido através da exploração das poéticas do imaginário, no curso de Poéticas da Criação e Imaginário, com a arte-educadora Dr.ª Andrea Cavinato, autora com profundo enraizamento no imaginário e na cultura contemporânea brasileira.

Procurou-se, nesta pesquisa, aplicar o método etnográfico de pesquisa em *Design Anthropology*, em conexão com a teoria do imaginário antropológico, de Gilbert Durand (1921–2012). A pesquisa desenvolveu-se sob a forma de uma investigação do aprendizado do conceito de INCLUSÃO, presente no pensamento de Design, e foi estruturada de forma a ser flexível o suficiente para ser utilizada como modelo para a aprendizagem de conceitos abstratos por estudantes neuroatípicos.

Considera-se que o método aplicado na pesquisa com alunos neurodivergentes é replicável para utilização com conceitos fundamentais de disciplinas acadêmicas de qualquer área, podendo ser estendido, sem qualquer prejuízo, ao ensino-aprendizagem de alunos neurotípicos. O método de pesquisa pode ser utilizado por professores, como modelo flexível de pesquisa com imagens, ou por alunos, como método de pesquisa mediado por imagens, para acesso aos conceitos fundamentais de qualquer área do conhecimento.

Aplicou-se a teoria do imaginário como forma de entendimento da conexão do indivíduo com a cultura, através dos modos de sensibilidade do imaginário, e procurou-se validar as evidências encontradas por meio de uma ferramenta de pesquisa gráfica estruturada na semiótica educacional.

Duas tendências fundamentais podem ser encontradas nas publicações existentes sobre processos educacionais inclusivos: a primeira tendência dá conta das limitações e possibilidades, sob a perspectiva das ciências da saúde, que apresentam as pessoas neurodiversas e que interagem nos processos educacionais, e a segunda tendência explicita os diferentes padrões de acessibilidade que precisam ser atendidos para que os ambientes de ensino--aprendizagem se tornem atrativos e acolhedores para as futuras interações.

Essas duas tendências se conectam e restringem o foco de possíveis soluções que permitam explorar alternativas de desenvolvimento cognitivo, que potencializam outras formas de expressão e interação cognitivas, não sujeitas às limitações referidas nos padrões de desenvolvimentos referidos.

O Teste Antropológico de Nove Elementos (AT9) foi construído por Yves Durand como uma estrutura conceitual para a investigação experimental da linguagem simbólica do imaginário, expressa no pensamento humano. Dessa forma, é uma ferramenta adequada e flexível para a realização de estudos com indivíduos neurotípicos ou neuroatípicos.

Entendeu-se que uma abordagem que explore a interação dos indivíduos através do uso da imaginação simbólica permite contornar a rigidez perceptiva e o isolamento cognitivo, indicados na literatura das ciências da saúde como impedimentos ao aprendizado de conceitos abstratos pelas pessoas com TEA.

A teoria do imaginário de Gilbert Durand propõe um modo de funcionamento da imaginação simbólica que é comum a todo ser humano em qualquer época e em qualquer sociedade. A pergunta que emergiu das leituras sobre o imaginário foi a seguinte: será que a imaginação pode ter um funcionamento autônomo que permita superar as restrições indicadas na literatura que trata das pessoas com TEA? E, se a imaginação não estiver sujeita às restrições apontadas, como comparar a imaginação de diferentes pessoas neurotípicas e pessoas neuroatípicas? Foram inquietações que deram origem à questão de pesquisa desenvolvida: de que forma a compreensão do modo de inserção do aluno no imaginário pode fundamentar a construção de processos educacionais inclusivos e colaborativos de Design, considerando a emergência do mundo figital?

O conceito de figital foi criado pelo cientista Silvio Meira, da TDS Company, para referir-se à conexão entre o mundo físico, digital e social, nas relações mediadas pela tecnologia contemporânea. O autor destaca as dificuldades dos nativos digitais no uso de tecnologias na área de educação (Meira, 2021): "**estudos mostram** que a familiaridade dos 'nativos digitais' com tecnologias digitais é superficial, a maioria é incapaz de entender ambiguidade em textos online, localizar materiais confiáveis, avaliar credibilidade de fontes e distinguir fatos de opiniões."

Essas questões acompanharam um primeiro ciclo de pesquisa, desenvolvido com o objetivo de entender como seriam esses padrões do imaginário e como identificá-los. Nesse momento, encontramos o Teste Antropológico de Nove Elementos (AT9), como ferramenta experimental capaz de capturar as manifestações das diferentes estruturas de sensibilidade do imaginário.

O primeiro capítulo, constituído pela presente introdução, procura historicizar o processo de construção da pesquisa e as etapas de aquisição de conhecimento que possibilitaram a estruturação da mesma.

No segundo capítulo, apresentamos os fundamentos da teoria do imaginário de Gilbert Durand com a fundamentação das estruturas de sensibilidade e a descrição de jornadas que fazem sentido no interior de cada uma dessas estruturas de sensibilidade.

No terceiro capítulo, discutem-se alguns aspectos da relação do imaginário com a construção de métodos de pesquisa em Design e, em seguida, são apresentadas as características do Teste Antropológico de Nove Elementos, desenvolvido pelo psicólogo Yves Durand como uma ferramenta experimental para investigar o imaginário.

No quarto capítulo, apresenta-se a ferramenta designada Inquiridor Gráfico Semiótico (IG), desenvolvida na Universidade de Lancaster, Reino Unido, como estrutura de apoio à pesquisa de conceitos em linguagem, e apropriada na presente pesquisa para uma pesquisa de conceitos significativos em Design.

No quinto capítulo, apresentamos o processo de elaboração da metodologia de pesquisa com os critérios de inclusão/exclusão, assim como o processo de recrutamento dos voluntários e os procedimentos de coleta de dados.

No sexto capítulo, discutimos os dados obtidos em cada etapa da pesquisa e a interpretação conjunta dos resultados obtidos em cada uma das etapas realizadas por cada participante, organizados em função de cada entrevistado.

A fim de alcançar os objetivos de pesquisa propostos, elaboramos um protocolo de interação da ferramenta IG com o Teste AT9 que permite a construção de uma trilha de investigação que contorna as limitações da pessoa neuroatípica para o aprendizado de conceitos abstratos em disciplinas científicas.

Entende-se, a partir dos resultados obtidos nos Testes AT9 e das pesquisas de conceitos realizadas por cada um dos voluntários, que o modo de interação desenvolvido permitiu que os voluntários com TEA realizassem o aprendizado do conceito de INCLUSÃO e pudessem testar o aprendizado realizado, por meio do Teste Arquetípico de Lugar (ATL9), uma variante do Teste AT9 usada em estudos relacionados à sensibilidade dos espaços.

Por fim, apresentamos as considerações finais e as sugestões de desenvolvimentos futuros, considerando que a bibliografia atual não contempla pesquisas que se direcionem ao estudo de pessoas com Transtorno do Espectro Autista sob a perspectiva do desenvolvimento da imaginação simbólica na aprendizagem de conceitos analíticos.

O IMAGINÁRIO ANTROPOLÓGICO

O antropólogo e filósofo francês Gilbert Durand (1921–2012) foi um pesquisador em sociologia e antropologia e tornou-se reconhecido mundialmente pela criação da Teoria Geral do Imaginário, que mudou o estatuto da pesquisa com imagens nas ciências humanas contemporâneas.

O processo de construção da teoria do imaginário inicia-se com o mergulho realizado por Durand (1970) nas fontes do pensamento ocidentais para identificar a forma como a imaginação foi desvalorizada e relegada à indiferença no Ocidente, desde a Antiguidade Clássica. Segundo o pesquisador, essa constatação parte do fato histórico de que a fantasia foi relegada como fonte de erro e deformação da realidade até o século XIX, quando começaram a existir perspectivas de investigação ou hermenêuticas que restauraram a imagem e sua dinâmica no psiquismo e na sociedade.

Durand (1970) discorre sobre as funções do símbolo na linguagem humana, que, desde a origem das sociedades, necessita dar conta de três dimensões da linguagem: a relação indireta com a coisa representada, a natureza epifânica da conexão com o invisível e o caráter transcendente que a permanência do símbolo atualiza.

O autor destaca (Durand, 1970) que a cada uma dessas características da imagem simbólica desenvolveu-se uma iniciativa de destruição ao longo do tempo que resultou, a longo prazo, na total desqualificação da imagem enquanto veículo de transmissão do saber.

A reflexão durandiana aponta os três movimentos históricos que ao longo de gerações minaram a função da imagem: o racionalismo cartesiano, o empirismo comtiano e o dogmatismo religioso. Considerados em conjunto, esses movimentos realizaram de forma independente o processo de descaracterização da imagem que caracterizou o imaginário ocidental e conduziu ao positivismo científico com as características de empirismo, legalismo e dogmatismo.

O autor identifica no século XIX os dois conjuntos de hermenêuticas que iniciaram o processo de restauração do papel da imagem como portadora de um saber desconhecido da sociedade: as hermenêuticas redutoras e as hermenêuticas instauradoras.

As hermenêuticas redutoras foram mapeadas nas investigações desenvolvidas por Sigmund Freud, Georges Dumézil e Claude Lévi-Strauss, que foram capazes de encontrar lógicas articuladoras para tipos específicos de imagem e identificar maneiras de reestruturar esses campos específicos.

O autor refere-se a Sigmund Freud (1856–1939) e as descobertas relacionadas ao inconsciente individual; referencia Georges Dumézil (1898–1986) e as investigações sobre os padrões profundos das linguagens humanas; e, por fim, referencia Lévi-Strauss (1908–2009) e as descobertas do processo de transmissão das imagens míticas através das sociedades. Conclui a discussão identificando que na obra de cada um desses autores existia a redução do simbolismo das imagens a uma única articulação motivadora, sob a forma de uma arqueologia: a sexualidade em Freud; a herança linguística em Dumézil; e, a metodologia em Lévi-Strauss.

As hermenêuticas instauradoras foram mapeadas nas investigações desenvolvidas por Ernest Cassirer (1874–1945), Gaston Bachelard (1864–1962) e Carl Gustav Jung (1875–1961), em cujas obras se definiram formas alternativas de hermenêuticas que ampliaram o entendimento do simbolismo por meio de generalizações de categorias de símbolos representando imagens generalizadas.

Durand (1970) identificou o papel de Ernest Cassirer na elaboração de uma hermenêutica simbólica, que atribui a cada campo da cultura humana um conjunto de símbolos locais (mitos, conceitos, artefatos) que correspondem a cada campo de expressão da simbolização humana (mitologia, religião, ciência, arte), e lhe permitiu elaborar uma filosofia das formas simbólicas e criar a designação do *Homo symbolicus*; em Gaston Bachelard, identificou a hermenêutica da linguagem poética, na qual foram utilizados os elementos fundamentais da natureza (terra, água, fogo e ar) para reconstruir os modos como a imaginação figura a força, o movimento, o repouso e os sonhos nas criações literárias de todos os tempos; por fim, identificou a contribuição da psicologia profunda de Carl Jung, que elaborou as funções do símbolo, do arquétipo e do mito em uma arquetipologia simbólica das imagens do inconsciente coletivo.

A esses restauradores da função imaginante, em suas diversas formas, Gilbert Durand acrescentou a necessidade de uma arquetipologia geral que desse conta não apenas da dinâmica das imagens individuais ou de uma sociedade específica, mas que criasse uma fundamentação para uma compreensão dos patrimônios imaginais e das formas como eles se atualizam. A teoria elaborada por Durand abriu um caminho que pode ser trilhado na incorporação do simbolismo das imagens em estudos aplicados a problemas educacionais em sociedades complexas.

2.1 As estruturas antropológicas do imaginário

Durand foi autor de uma vasta produção teórico/metodológica e participou em congressos científicos em todo o mundo, sendo considerado um dos mais influentes antropólogos da segunda metade do século XX. A produção teórica desse autor (Durand, 1996) expandiu a teoria geral do imaginário e desenvolveu ferramentas específicas para a investigação. Na fase inicial da investigação, fundamentou a topologia do imaginário e o conceito de trajeto antropológico; na fase intermediária, desenvolveu o conceito de bacia semântica, para a investigação dos mitos e suas migrações entre sociedades; e na fase final, desenvolveu as ferramentas de investigação da mitocrítica e da mitoanálise. O presente trabalho de investigação se situa no campo da topologia e do trajeto antropológico.

O resultado significativo da ação de Durand ao longo do século levou à criação de conferências internacionais e Centros de Estudos do Imaginário em todos os continentes. A investigação desenvolvida por Durand levou-o a definir a organização do imaginário em estruturas de sensibilidade com características comuns e diferenciadas entre si. A teoria geral do imaginário continua tendo desenvolvimentos, e a pesquisadora brasileira Maria Thereza Strôngoli (2009), com o aval do próprio Gilbert Durand, tem expandido a teoria em novas direções, com a proposta de novas estruturas de sensibilidade em um regime de imagens chamado Vespertino. Na presente investigação, considerou-se a classificação originalmente proposta por Durand: Regime Diurno e Regime Noturno das imagens.

O ponto de partida da análise desenvolvida por Durand, nesta investigação, é a forma como os seres humanos processam imagens e agenciam as memórias para estruturar as percepções e as sensações para transformar a realidade. Nessa perspectiva, a consciência é o resultado de uma articulação de imagens construídas pelos indivíduos e pelas sociedades (Durand, 1993, p. 10):

> A consciência dispõe de duas maneiras para representar o mundo. Urna directa, na qual a própria coisa parece estar presente no espírito, como na percepção ou na simples sensação. A outra indireta quando, por esta ou por aquela razão, a coisa não pode apresentar-se 'em carne e osso' à sensibilidade, como por exemplo na recordação da nossa infância, na imaginação das paisagens do planeta Marte, na compreensão da dança dos elétrons em torno do núcleo atômico ou na representação de um além da morte. Em todos estes casos de consciência indireta, o objeto ausente é representado na consciência por uma imagem, no sentido muito lato do termo.

A articulação entre o pensamento e o mundo passa a ser realizada por aproximações sucessivas entre objetos e relações, existentes na realidade objetiva, e o mundo de imagens existentes na consciência e no inconsciente para dar conta da diversidade exterior.

Durand (1993, p. 11) esclarece que as imagens presentes na consciência possuem diferentes graus de aproximação com os objetos do mundo exterior representado, o que corresponde a "diferentes graus de imagens". Dessa forma, a imagem resultante da presença perceptiva do objeto apresenta uma adequação total ao objeto, e a imagem que faz referência a um objeto ausente apresenta graus de diferenciação que podem chegar à inadequação total. Essa imagem que substitui o objeto ausente é designada como símbolo. O ponto de partida da reflexão de Durand (1970) se aproxima da formulação da teoria geral dos signos, elaborada por Charles Sanders Peirce (1839–1914), que constrói uma elaboração conceitual para as diferentes formas em que um signo representa um objeto: ícone, representação por semelhança; índice, representação por conexão física; e símbolo, representação por convenção. A discussão de Durand aborda o nível do símbolo e a relação entre a consciência e os simbolismos construídos pelas sociedades.

Durand argumenta que os seres humanos, inseridos em diferentes culturas, se constituem por meio de conexões com imagens íntimas e subjetivas, bem como, conexões com imagens da realidade exterior e objetiva, em um processo simbólico pendular a que designou trajeto antropológico.

Nesse movimento de conexão, entre o interior e o exterior, se dá "a incessante troca que existe ao nível do imaginário entre as pulsões subjetivas e assimiladoras e as intimações objetivas que emanam do meio cósmico e social" (Durand, 1997, p. 41).

Durand (1993) acentua o aspecto de que o *Homo sapiens* incorpora duas novas formas de conexão com o mundo para habilitá-lo a enfrentar os desafios da existência: a capacidade de construir instrumentos e a capacidade de fabular. A fabulação possibilitará a construção do equilíbrio psicossocial diante da angústia causada pela consciência da finitude.

A presença de elementos simbólicos que figuram os objetos ausentes por substituição institui redes redundantes de símbolos para representar a realidade nas diferentes sociedades humanas. A pesquisa (Durand, 1993, p. 16) destaca a natureza complementar e aperfeiçoadora que esses simbolismos constroem através do tempo:

> É através do poder de repetição que o símbolo preenche indefinidamente a sua inadequação fundamental. Mas esta repetição não é tautológica: é aperfeiçoante através da acumulação de aproximações. É comparável a uma espiral, ou melhor, a um solenóide, que em cada volta define cada vez mais o seu objectivo, o seu centro. Isto não quer dizer que um único símbolo não seja tão significativo como todos os outros, mas que o conjunto de todos os símbolos sobre um tema esclarece os símbolos uns através dos outros, acrescentando-lhes um 'poder' simbólico suplementar.

A compreensão da natureza simbolizadora do pensamento humano conduziu Gilbert Durand à perspectiva de que o símbolo possui, desde a origem, uma natureza triádica: é indireto, por ser uma substituição da coisa representada; é epifânico, por ser a parte visível de algo invisível; e é transcendente, por figurar a continuidade de uma coisa ausente. Esses diferentes aspectos da simbolização compõem os fundamentos da gestualidade identificada por Durand (1993, p. 99), nas formas de agir do gênero *Homo*. Um agir que se realiza através da fabulação que eufemiza para a consciência a finitude.

A teoria antropológica do imaginário se instaura como um modo de acessar as imagens constitutivas da humanidade existente em cada indivíduo humano a fim de compreender as transformações da imaginação simbólica ao longo do tempo. Como observa Durand (1993, p. 13): "chegamos à imaginação simbólica propriamente dita quando o significado não é de modo algum apresentável e o signo só pode referir-se a um sentido e não a uma coisa sensível."

A imaginação simbólica é, portanto, a estruturação do pensamento realizada através da evocação produzida pelos símbolos (visuais, gestuais, acústicos, linguísticos) em direção a sentidos constituídos no interior das sociedades. O modo como o sujeito mobiliza as imagens constituintes do patrimônio comum e as articula com as imagens que o constituem será estudado com o suporte do conceito de arquétipo, na forma como Durand (1993, 1997) o articula com as descobertas da antropologia e da psicanálise.

O conceito de arquétipo foi proposto por Jung (1980), sob a forma de uma imagem primordial que apresenta articulação com processos perceptíveis na natureza e presente em todo sujeito humano. O arquétipo, na forma desenvolvida por Jung, foi entendido por Durand (1997, p. 31) como um tipo de "intermediário entre os esquemas subjetivos [*schemes*] e as imagens fornecidas pelo ambiente perceptivo...". Essas estruturas constroem articulação "entre os imaginários e os processos racionais" correspondendo a um molde "afetivo-representativo" sobre os quais se articularam as ideias racionais. Nesse sentido, o arquétipo pensado por Gilbert Durand é uma estrutura mais básica e fundamental que o arqué-tipo proposto por Jung. Durand discute, ainda, o fato de que a limitação contextual que a imagem do Pai Primordial teorizado por Sigmund Freud (1856–1939) no ensaio "Totem e Tabu" (1913), corresponde a uma estrutura que articula os valores presentes naquela sociedade.

O arquétipo durandiano se apresenta como uma forma que antecede as criações do pensamento racional e que é generalizável, por estar presente em todo sujeito humano e em todas as sociedades (Durand, 1993, p. 60):

> O arquétipo é, portanto, uma forma dinâmica, uma estru-tura que organiza as imagens, mas sempre ultrapassa as concretudes individuais, biográficas, regionais e sociais da formação das imagens.

O pesquisador Marcos Ferreira-Santos (Ferreira-Santos; Almeida, 2012, p. 136) destaca a relação entre os símbolos e os arquétipos como uma diferença entre modos de estruturação: "o arquétipo liga-se ao símbolo, mas enquanto o arquétipo é invariável, o símbolo define-se pela variân-cia, necessitando da redundância [recorrência simbólica] para melhor ser compreendido."

A identificação da natureza dos arquétipos, com a presença de estruturas arquetípicas em sociedades de todos os continentes e em indivíduos de diferentes origens, conduziu à generalização e permitiu que Durand estendesse a própria investigação à dinâmica das trocas de imagens entre os indivíduos e as sociedades. A investigação da médica e psicanalista Nise da Silveira (1905–1999) permitiu identificar a presença de arquétipos em manifestações da subjetividade de pessoas sem instrução e acometidas por adoecimento mental, fato que contribui para a percepção do caráter geral dessas estruturas no pensamento.

2.2 O trajeto antropológico

Durand (1997) postula que o *Homo sapiens* necessita dar conta da angústia existencial. Cada sociedade resolve essa angústia de forma diferente e essas diferenças são manifestadas em constelações de imagens, como pontua o autor: "O imaginário - ou seja, o conjunto das imagens e relações de imagens que constitui o capital pensado do *Homo sapiens* - aparece-nos como o grande denominador fundamental onde se vêm encontrar todas as criações do pensamento humano" (Durand, 1997, p. 18).

É importante observar que a angústia existencial pode se manifestar sob formas radicais de inadequação individual à existência ou sob desconfortos de diferentes níveis de adequação ao cotidiano. A discussão desenvolvida por Durand (1997) refere-se ao modo como as sociedades apresentam respostas coletivas a essa angústia ao longo da história.

A investigação dessa pluralidade conduziu à observação de que se necessita de um método que apresente uma lógica para a produção da variedade de imagens, sem se perder nas variações das formas: "Esta complexidade de base, esta complicação do objeto simbólico justifica o nosso método, que é partir dos grandes gestos reflexológicos para desenredar os tecidos e os nós que as fixações e as projeções sobre os objetos do ambiente perceptivo constituem" (Durand, 1997, p. 54).

A investigação desenvolvida por Durand apropriou-se dos desenvolvimentos que a análise reflexológica e o desenvolvimento das ciências cognitivas havia alcançado na primeira metade do século XX, cujo ponto culminante foi a Escola Reflexológica de Leningrado. Essa escola propôs que cada ser humano refaz, no processo de maturação orgânica, a evolução da humanidade em vários estágios.

Observações clínicas corroboram as formulações teóricas e atualizam a presença do desenvolvimento progressivo dos reflexos e das imagens íntimas que lhes correspondem (Cavinato, 2015, p. 75):

> [...] a partir dos autores que pesquisam o desenvolvimento sensório-motor, no primeiro ano, o bebê articulou o que levou milhares de anos para ser elaborado pela espécie,... compreende o que ouve, tem dentes que custaram a romper as gengivas e já mastiga alguns alimentos sólidos que leva até a boca com as duas mãos, em tentativas e erros, segura os objetos. Aos dois ou três anos... é curioso e se movimenta em blocos, esboça movimentos que ainda não consegue elaborar de forma refinada, como coordenar o movimento com os dedos separadamente, fazer a 'pinça fina', ou seja, juntar o polegar e o indicador. A essa maturação corporal corresponde uma intensa e potente atividade cerebral. Nesse período, intensas elaborações afetivas e emocionais estão em evolução e chegamos a formação de 'constelações de imagens' a cada novo esquema corporal, nesse trajeto antropológico, como descreve Gilbert Durand (1997).

A estrutura do amadurecimento orgânico cria um conjunto de imagens íntimas que formam a base do imaginário humano. A repetição dos estágios de desenvolvimento por cada individualidade dará origem a um número reduzido de estruturas comuns a todos os seres humanos. A essas estruturas simbólicas que atualizam as imagens dos instintos fundamentais designou-se *schemes*:

> Adotamos o termo genérico 'esquema' (*scheme*) que fomos buscar em Sartre, Burloud e Revault d'Allonnes, tendo estes últimos ido buscá-lo, de resto, na terminologia kantiana. O *scheme* é uma generalização dinâmica e afetiva da imagem, constitui a factividade e a não-substantividade geral do imaginário. O *scheme* aparenta-se ao que Piaget, na esteira de Silberer, chama 'símbolo funcional' e ao que Bachelard chama 'símbolo motor'. Faz a junção já não, como Kant pretendia, entre a imagem e o conceito, mas sim entre os gestos inconscientes da sensório-motricidade, entre as dominantes reflexas e as representações. São estes esquemas que formam o esqueleto dinâmico, o esboço funcional da imaginação (Durand, 1997, p. 31).

Dessa forma, o imaginário antropológico é constituído por um conjunto de imagens que possuem uma lógica organizativa e estruturas de significação. Ao *scheme* postural se fará corresponder o crescimento da estrutura de sensibilidade heroica; o *scheme* digestivo engendrará a estrutura de sensibilidade mística; e, por fim, o *scheme* copulativo fará surgir a estrutura de sensibilidade sintética ou dramática (Figura 1). Cabe ressaltar que o *scheme* é uma estrutura teórica para representar aquilo que não possui uma correspondência na linguagem, uma vez que o inconsciente se expressa por imagens e não existe correspondência na expressão por palavras.

Nesse estudo figurativo e topológico, o autor identifica que as imagens do imaginário são polarizadas em regimes que se opõem independentemente às diferentes sociedades (Durand, 1997, p. 58):

> O Regime Diurno tem a ver com a dominante postural, a tecnologia das armas, a sociologia do soberano, mago e guerreiro, os rituais da elevação e da purificação; o Regime Noturno subdivide-se nas dominantes digestiva e cíclica, a primeira subsumindo as técnicas do continente e do habitat, os valores alimentares e digestivos, a sociologia matriarcal e alimentadora, a segunda agrupando as técnicas do ciclo, do calendário agrícola e da indústria têxtil, os símbolos naturais ou artificiais do retorno, os mitos e os dramas...

A compreensão da imaginação simbólica em suas estruturas materiais permitiu que Durand identificasse as equivalências das representações que os símbolos adquirem no interior de uma estrutura específica do imaginário. Dessa forma, postulou a reversibilidade entre as constelações simbólicas e as estruturas de sensibilidade do imaginário a que pertencem, por meio de uma isotopia na qual "os símbolos e os agrupamentos isotópicos que os ligam aparecem-nos como diretamente reveladores de estruturas" (Durand, 1997, p. 378).

A isotopia entre as representações dá conta do fato antropológico de que toda sociedade precisa simbolizar, ao longo das gerações, a resposta à passagem do tempo e da morte, e criar símbolos e constelações de símbolos que os representam (Figura 2). Essas constelações são os semblantes (substitutos figurados) da morte, que existem sob a forma dos monstros ameaçadores ou do tempo implacável.

A investigação desenvolvida em diversas sociedades e estudos que cobrem os campos da mitologia, da religião, da literatura e das ciências, no ocidente e no oriente, legou um conjunto de padrões de formação de símbolos em que se apresenta a tensão que atravessa o imaginário da sociedade. Essas organizações de panteões de deuses e heróis constituem a forma de existir do regime diurno das imagens, com a estrutura de sensibilidade heroica; por outro lado, a eufemização da morte e a figuração da existência de um além da vida constituem o regime noturno das imagens, com suas estruturas de sensibilidade mística e dramática.

Figura 1 – Os regimes de imagens

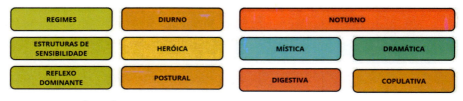

Fonte: o autor (2024)

Na Figura 1, o regime diurno constela imagens da agressividade e da separação, que caracterizam as atitudes do confronto humano aos outros animais para a manutenção da vida da espécie, enquanto o regime noturno constela imagens do acolhimento e da proteção, necessários à sobrevivência dos humanos, com sua longa infância sem recursos orgânicos de proteção, diferentemente dos outros animais. No regime diurno se constroem as narrativas heroicas e no regime noturno se constroem as narrativas místicas, organizadas em torno do acolhimento, e as narrativas dramáticas, estruturadas em torno da tentativa de conciliação entre o confronto e o acolhimento.

Figura 2 – Faces do tempo

Fonte: o autor (2024)

A pesquisa de Durand (1997) classifica três conjuntos de constelações de símbolos que se apresentam como Semblantes ou Substitutos da Morte (Figura 2), nas várias sociedades humanas ao longo do tempo. Os símbolos teriomórficos representam os monstros devoradores identificados como ameaças presentificadas da Morte pelas sociedades ao longo do tempo; as constelações de símbolos nictomórficos representam a escuridão como simbolização humana da Morte; e, por fim, as constelações de símbolos catamórficos que representam a morte sob a forma da queda, como perda da verticalidade e do prestígio. Essas constelações simbólicas estão presentes nas narrativas da mitologia, nas figurações da arte e nas religiões.

Figura 3 – Sensibilidade heroica

Fonte: o autor (2024)

O simbolismo ligado ao imaginário heroico encontra-se organizado em arquétipos associados ao *scheme* postural. Nos estudos de Durand (Figura 3), os arquétipos do heroísmo manifestam-se sob a forma de imagens da separação, da claridade ou do brilho, seja nas narrativas ou nos cenários. É figurado o movimento de subida ou de separação. O isolamento hierárquico ou resultante do prestígio é outra forma de apresentar o simbolismo heroico. Algumas imagens encontram-se consolidadas como arquétipos presentes no imaginário heroico e podem ser encontradas em diferentes culturas, tais como: a luz, a arma, a pureza, a asa e o sol. A sensibilidade heroica apresenta-se predominante nas formas do pensamento lógico/científico contemporâneo.

Figura 4 – Sensibilidade mística

Fonte: o autor (2024)

As características identificadas por Gilbert Durand (1997) na estrutura de sensibilidade mística (Figura 4) foram identificadas por um conjunto de atributos lógicos opostos aos atributos presentes na sensibilidade heroica: o realismo sinestésico, a viscosidade, a miniaturização e a antífrase. Essas características correspondem aos arquétipos fundamentais do imaginário místico, expressos nos movimentos para dentro e para baixo, que significam semioticamente a dinâmica da sensibilidade mística. Essa dinâmica apresenta-se predominante nas formas do pensamento mágico/religioso.

Cabe uma observação a respeito da referência ao imaginário místico, enquanto estrutura de sensibilidade imaginária, que não se restringe às formas da sensibilidade religiosa, porque o que o caracteriza são as formas de conexão e cooperação, que se opõem à separação e à competição que caracterizam o imaginário heroico.

As figurações do imaginário místico estão figuradas nas narrativas sob o esquema verbal do "juntar" e manifestam os mesmos princípios lógicos do pensamento mágico. Expressam-se por meio dos atributos do "profundo" e do "íntimo" e nas representações do "escuro" e do "centro". Existem imagens fundamentais de arquétipos do imaginário místico, tais como: a casa, o alimento, a criança, a lua, o véu e o leite (Figura 5).

Figura 5 – Sensibilidade dramática

Fonte: o autor (2024)

Na estrutura de sensibilidade dramática (Figura 5) também se encontra um conjunto de atributos lógicos específicos: a coincidência de opostos, a historicização e a progressividade. Nessa estrutura encontram-se os simbolismos imaginários que conciliam as lógicas do imaginário heroico e místico. No imaginário dramático a conciliação dos antagonismos se expressa em movimentos em direção ao futuro ou em direção ao passado. A sensibilidade dramática apresentou-se predominante nas formas do pensamento alquímico/filosófico e suas variações através dos tempos.

O imaginário dramático apresenta-se nas narrativas sob o esquema verbal do "ligar" e manifesta os princípios lógicos da "causa" e da "técnica", que correspondem aos princípios do pensamento mágico. Expressam-se por meio de representações do "futuro" ou "passado" e nas figurações simbólicas da "árvore" e da "roda", que são simbolismo do tempo. Imagens predominantes dos arquétipos do imaginário dramático são encontradas em diferentes culturas, tais como: o calendário, a cruz, o dragão, o urso, o messias, o filho, o sacrifício e a iniciação. Algumas dessas imagens adquirem um alto grau de independência em relação à cultura que as originou e passam a existir como um simbolismo universalizado. Essas imagens generalizadas o autor designou com o conceito de sintema.

Entender a imaginação simbólica em suas formas de organização permite articular o fazer educacional através do sentido presente nas práticas cotidianas porque o imaginário conforma a ação das personagens das histórias contadas e dos indivíduos nas histórias vividas.

A construção da arquetipologia geral de Gilbert Durand (1997) cria uma chave de leitura do imaginário em suas três estruturas de sensibilidade ao postular um isomorfismo entre as constelações de símbolos criados em cada uma delas para fazer frente às diferentes manifestações da passagem do tempo e da consciência da morte presentes nas culturas humanas.

Figura 6 – Isotopias imaginárias

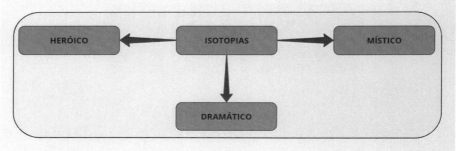

Fonte: o autor (2024)

A isotopia (Figura 6) aponta as correspondências existentes entre as estruturas de sensibilidade do imaginário, nas quais se manifesta um conjunto específico de símbolos constelados que respondem pela organização do imaginário individual em relação à angústia existencial. A identificação dessas constelações simbólicas e suas equivalências permite entender o modo de reação dos indivíduos em situações de desconforto existencial.

O imaginário heroico (Figura 7) apresenta imagens simbólicas espetaculares, que figuram o brilho dos heróis e deuses; imagens ascendentes, que figuram o movimento de separação predominante na lógica de confronto que o caracteriza, e diairéticas, que representam as armas e armaduras figuradas nas entidades supra-humanas, que são atributos ausentes nos indivíduos reais.

Figura 7 – Simbolismo heroico

Fonte: o autor (2024)

No imaginário místico (Figura 8) estão presentes as constelações simbólicas da inversão, através dos heróis e dos deuses que se movem em direção às profundidades, opondo-se àqueles que se movem em direção às alturas; imagens de negação, que figuram o uso das forças adversas a favor de um objetivo buscado, acentuando a conectividade presente nessa estrutura de sensibilidade do imaginário; e imagens de intimidade, que representam o acolhimento e a proteção como forma de enfrentar a angústia existencial.

Figura 8 – Simbolismo místico

Fonte: o autor (2024)

No imaginário dramático (Figura 9) se apresentam constelações cíclicas, para representar as manifestações do tempo, como os ciclos naturais e os ciclos dos heróis e deuses ou a progressão da história e da ciência; imagens rítmicas, que figuram as transformações da natureza, como a emergência do fogo através da fricção ou a origem dos seres vivos por meio das trocas sexuais; constelações harmonizadoras, que tentam estabelecer um equilíbrio para as tensões construídas entre a separação heroica e o acolhimento místico, por meio das figurações dos ritos que domesticam o tempo, como a iniciação ou o sacrifício; e a figuração do filho ou da cruz, que constrói a síntese entre a horizontalidade e a verticalidade, entre a morte e a vida, na sucessão das gerações.

Figura 9 – Simbolismo dramático

Fonte: o autor (2024)

A construção elaborada por Durand propõe uma diferenciação na concepção de arquétipo que precisa ser posta em evidência. A construção avança nas descobertas de Carl Gustav Jung (1875–1961) que identificou a existência de um conjunto de imagens presentes e recorrentes em diversas culturas humanas (Jung, 2002), as quais designou com o nome de arquétipo, com fundamentação na palavra grega "arché" com o sentido de princípio ou origem. Essas imagens primordiais foram identificadas por Jung na estrutura do inconsciente coletivo de diversas sociedades e encontradas na estrutura profunda do inconsciente pessoal.

Jung (1980) propôs que as sociedades possuem um inconsciente coletivo que compartilha conjuntos de imagens relacionadas a estruturas inconscientes, com funções comuns, e que essas estruturas de imagens encontram-se modeladas no inconsciente pessoal de cada indivíduo, como formas pessoais de representação de forças inconsciente, das quais referenciou as mais representativas: a anima, o animus, a criança, o ancião, a grande mãe e a sombra. Esses arquétipos são estudados no âmbito da psicologia analítica, e a investigação desenvolvida por Durand buscou uma origem para essas imagens que estavam na cultura e no inconsciente pessoal.

Durand (1997) indica que a lógica das imagens presentes na neurose, nos sonhos e nos atos falhos, como investigado por Sigmund Freud (2016, 2019, 2021), assim como a estrutura dos mitos investigada por Claude Lévi-Strauss (2013), e a investigação de Jung (1980, 2002) estavam conectadas pelas estruturas do imaginário do indivíduo humano. Essas estruturas de sensibilidade foram construídas sobre as bases da pesquisa da reflexologia humana, que teorizaram a existência dos reflexos originários de alimentação, verticalização e reprodução.

Figura 10 – *schemes*

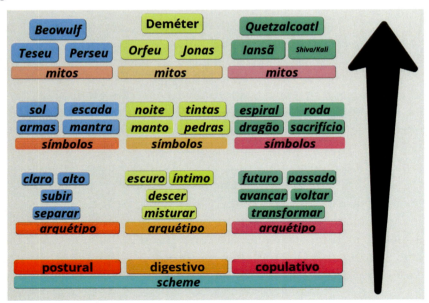

Fonte: o autor (2024)

A fundamentação construída por Durand (1997) em sua Arquetipologia Geral propõe uma hermenêutica geral para a investigação das construções da cultura humana de todas as épocas e estabelece uma lógica inclusiva, no interior da qual é possível identificar modos de transformação entre os símbolos e arquétipos de diferentes estruturas de sensibilidade.

Os *schemes* propostos por Durand (1997), conforme apresentado (Figura 10), permitem relacionar os arquétipos identificados por Jung (1980) como formas personificadas de forças instintuais que estão em um nível mais próximo da linguagem e das construções da narrativa mítica, no inconsciente pessoal, e afastados das estruturas reflexológicas, ou movimentos instintuais primários, figurados como arquétipos de um nível mais profundo. É possível observar como a estrutura da dominante reflexológica da verticalização permite identificar mitos de fundamentação heroica (Beowulf, Teseu, Perseu); a estrutura da dominante digestiva origina mitos de fundamentação mística (Jonas, Deméter, Orfeu) e a estrutura da dominante sexual origina mitos de fundamentação dramática, organizados em torno da lógica da transformação (Quetzalcoatl, Iansã, Shiva/Kali). Essa estrutura figurativa permite a análise das construções narrativas sob diferentes perspectivas e, como consequência, aferir diferentes níveis de inadequação entre os sujeitos e os contextos em que os indivíduos atuam. Esse aspecto será explorado nos próximos capítulos.

2.3 Jornadas e construção de identidades

As estruturas do imaginário investigadas por Gilbert Durand abrem a perspectiva para um novo entendimento acerca da lógica narrativa. Torna-se necessário que se atualize a percepção de percursos que fazem sentido para sujeitos constituídos no interior de diferentes estruturas de sensibilidade. O mitólogo Joseph Campbell (1904–1987) propôs o conceito de jornada, associado ao arquétipo do herói, em estudos sobre mitologia comparada e criou um paradigma de resposta heroica, que se apresenta como universal e capaz de responder pela estruturação de narrativas em todas as sociedades e tempos. Observamos anteriormente que a definição de arquétipo na teoria de Gilbert Durand apresenta uma estrutura que conecta elementos instintuais ou neuromotores a elementos da subjetividade, através dos *schemes*. Podemos contemplar a existência dessa classe de arquétipos que dizem respeito a reflexos fundamentais como a orientação espacial da verticalização se associa à dependência da visualidade e a transformação produzida pelo fogo se associa à produção social de arquétipos relacionados ao ato alimentar ou ao ato sexual, mediados pela percepção do corpo.

A metanarrativa de Campbell desloca a análise para o campo da linguagem e recupera a estrutura proposta pelo filósofo grego Aristóteles (384–322), na Poética. Ela apresenta o paradigma da ação heroica como uma ação em três atos (Figura 11): o chamado, a iniciação e o retorno. Campbell denominou essa estrutura monomito, por sua universalidade. Essa narrativa generalizada recebeu adaptação dos roteiros cinematográficos de Hollywood, pelo professor e pesquisador Christopher Vogler, através do influente *A jornada do escritor: estrutura mítica para escritores* (2007). A expansão da indústria de entretenimento transformou a narrativa heroica na última maneira de narrar histórias e gerou uma forma padronizada de perceber a ação, que gera uma forma equivalente de expectativa de resposta por parte das personagens e dos indivíduos. Veremos que essa expectativa interfere e incrementa o nível de angústia relacionada à ação nas existências roteirizadas das personagens e das pessoas.

Figura 11 – Jornada do herói

Fonte: o autor (2024)

A pesquisa semiótica contemporânea (Carvalho, 2021), identifica uma primeira forma de jornada que, embora apresente elementos de um percurso semelhante à jornada do herói, move-se em uma direção e um sentido opostos ao movimento da jornada do herói. Trata-se da jornada do peregrino (Figura 12), avaliada por Campbell como uma fase da etapa de iniciação do herói. A ressignificação desse percurso abriu o caminho para uma nova possibilidade de construção de sentidos narrativos. A criação de narrativas que ressignificam o feminino com base em valores e modos de agir que modificam o modo de construção do sentido. As personagens realizam um mergulho no interior em uma jornada de transformação que se opõe à jornada de confronto que o heroísmo demanda.

Figura 12 – Jornada do peregrino

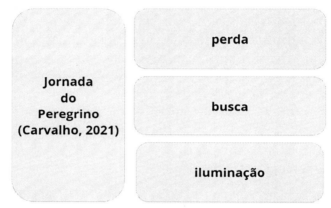

Fonte: o autor (2024)

A jornada do peregrino, que dá sentido à existência no interior do imaginário místico, é orientada à transformação daquele que a empreende. Essa jornada faz sentido em uma narrativa em cuja origem se encontra uma perda, que é superada através de um aprendizado que conduz a uma iluminação interior. O paradigma dessa narrativa pode ser identificado na iluminação do Buda, mas é encontrado em narrativas de diferentes povos originários. Nessas narrativas, a queda, que representa a morte no imaginário heroico, é transformada em descida, e o movimento em direção ao exterior, que caracteriza o herói, é transformado em um movimento em direção ao centro, uma busca interior.

A transformação como arquétipo associado ao imaginário místico e feminino é encontrada em narrativas míticas de várias partes do mundo, como observa Cavinato (2015, p. 105) nas narrativas sobre as transformações, no mito da Mulher Foca, da mitologia das ilhas Faroe, ou na transformação de Iansã em um búfalo, nas narrativas míticas de origem Iorubá.

A construção teórica elaborada por Durand e seus colaboradores nos conduziu à discussão sobre diferentes jornadas que fazem sentido no interior de cada forma do imaginário, indicando que a jornada heroica não é a única forma possível de construir sentidos imaginários. As jornadas heroica, mística e dramática são formas equivalentes de significar a existência através de narrativas.

A antropóloga Danielle Rocha Pitta, estudando protocolos de pesquisa baseados na obra de Gilbert Durand, em uma investigação original (Pitta, 2008) aprofundou a compreensão das travessias identitárias no interior do imaginário dominante e acrescentou uma nova dimensão à identidade em sociedades complexas. Ela propôs o conceito de trajeto sexual, derivado do conceito de trajeto antropológico (Figura 13), com vistas a analisar essa outra dimensão da identidade: o gênero.

Figura 13 – Trajeto antropológico

Fonte: Pitta (2008)

A formação da identidade sexual é um processo de movimentação do sujeito (Figura 14), que não apresenta uma dependência direta e exclusiva com a constituição física, orgânica. A antropóloga Danielle Pitta (2008, p. 71) pontua que "o corpo é, antes de tudo, um corpo imaginário: da parte mais sólida e interior, os ossos, a parte mais fluida e exterior, os cabelos, tudo no corpo se desenvolve a partir da imagem que uma cultura dele se faz."

Figura 14 – Trajeto sexual

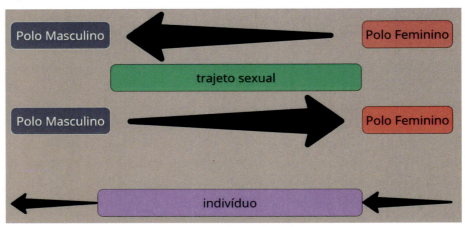

Fonte: Pitta (2008)

A pesquisa sobre o fundamento do gênero, enquanto forma constituinte da identidade, encontra sustentação na investigação da mitologia comparada que trouxe críticas a uma jornada heroica sem gênero, proposta na investigação de Joseph Campbell. A formulação da impossibilidade de uma jornada masculina que fizesse sentido para uma perspectiva feminina foi apresentada por Maureen Murdock (2022), que desenvolveu, com base na mitologia comparada e em discussões com o próprio Campbell (Murdock, 2022, p. 24), a necessidade de uma "Jornada da Heroína". A discussão desenvolvida pela autora indica a necessidade de repensar a construção da identidade feminina sob novos fundamentos e sugere que se entenda essa construção por meio de um ciclo (Figura 15), cujas metades correspondem, de forma alternativa, à jornada do herói, com as fases da metanarrativa de Campbell e as fases identificadas nas narrativas de peregrinação.

A discussão desenvolvida por Murdock inventaria o percurso de construção da identidade feminina em um percurso que se inicia com um afastamento da identificação à mãe, em busca de uma identificação com as imagens da identidade masculina, e indica que a insuficiência dessa identificação conduz a um novo ciclo, que se inicia com uma morte de valores anteriormente assumidos e a construção de uma nova identidade que integra os valores masculinos aos fundamentos femininos da identidade.

A autora revisita as referências das mitologias ocidentais e orientais, passando pelas imagens antigas de Ísis, Deméter e Perséfone, como deusas da unidade feminina, para chegar em narrativas da captura do feminino, como o nascimento de Athena a partir da cabeça de Zeus, e as narrativas do domínio da imagem feminina a partir das imagens masculinas, como a imagem de Javeh criando a mulher a partir da costela do homem. Essas imagens, que apresentam as projeções do imaginário em diferentes sociedades, ajudam a entender como as imagens mobilizam as ações e destacam a influência, nas sociedades patriarcais, de imagens fundadoras masculinas.

Figura 15 – Jornada da heroína

Fonte: Murdock (2022)

Um novo modo de organização do sentido do feminino foi proposto por Murdock como um ciclo alternado de identidade que comportaria os momentos de enfrentamento heroico e os momentos de recolhimento místico; uma nova jornada de afastamento e retorno, em uma formulação que encontra ressonância na teoria geral do imaginário, na estrutura de sensibilidade dramática (Murdock, 2022, p. 28):

> Nesse trecho da jornada, a mulher começa sua descida. Pode haver um período aparentemente interminável de ausência de rumo, tristeza e fúria; de deposição de reis; de busca pelas partes perdidas de si mesma e de encontro do feminino sombrio.

Na mesma direção aponta a discussão desenvolvida por Daniele Pitta, entre o imaginário e a identidade sexual. Isso é um fundamento importante para o entendimento das dinâmicas de transformação em que jovens estudantes do ensino superior figuram os próprios desafios e conflitos ao buscar imagens que representem suas identidades e que fazem sentido em relação a outras imagens presentes na cultura.

O uso do Inquiridor Semiótico, no próximo capítulo, permitirá identificar o modo como a estrutura de sensibilidade do imaginário conforma o modo de percepção.

É importante, ainda, observar que o ancoramento de uma manifestação de imaginação simbólica em uma cultura específica, seja sob a forma heroica, mística ou dramática, não apresenta diferença de natureza hierárquica, mas topológica. Como destaca a pesquisadora Danielle Pitta (Pitta, 1980, p. 1): "cada cultura traz à sua angústia existencial respostas tão válidas umas quanto as outras e todas capazes de nos encantar, porquanto são plenas de sutilezas, engenhosidade e sensibilidade."

Essas considerações elaboradas pelos investigadores do imaginário apresentam um balizamento, e demonstram a flexibilidade da teoria aplicada a diferentes metodologias. Elas permitem-nos entender a construção do trajeto antropológico na instauração da identidade do indivíduo no interior da cultura e podem ser apropriadas ao estudo da inclusão do estudante com TEA em um processo educacional.

Figura 16 – *schemes* e narrativas

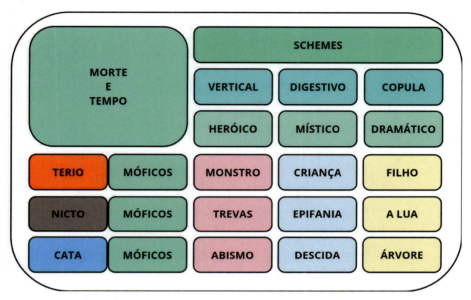

Fonte: o autor (2024)

Na Figura 16, apresentamos a forma como os *schemes*, que são motores de produção de sentido, relacionam os arquétipos com a construção de sentido nas narrativas. Nessa figura são apresentados os arquétipos do *scheme* vertical (monstro, trevas e abismo), do *scheme* digestivo (criança, epifania e descida) e do *scheme* copulativo (filho, lua e árvore) que podem apresentar formas variadas com simbolismos equivalentes.

Os substitutos imaginários da morte e do tempo, que são os Semblantes, são atualizados no interior das estruturas de sensibilidade (heroica, mística, dramática). As *narrativas que fazem sentido* se constituem em resposta às ameaças primordiais: a queda, como arquétipo catamórfico, a escuridão, como arquétipo nictomórficos, e a devoração, como arquétipo teriomórfico. Essas narrativas permitem que o simbolismo seja apresentado de uma forma dinâmica, mas a lógica de cada uma das estruturas simbólicas continua fazendo sentido.

a. Devoração
- No interior do imaginário heroico será figurada como um confronto entre o herói e o monstro. Exemplo: "Saturno devorando os filhos", de Goya;

- No interior do imaginário místico será figurada como a proteção da família à criança. Exemplo: "Fuga do Egito", de Rembrandt;
- No interior do imaginário dramático será figurada pelo dilema de um filho. Exemplo: "Sacrifício de Isaac", de Rembrandt.

b. Escuridão
- No interior do imaginário heroico será figurada como a destruição da luz. Exemplo: "Drácula", de Bram Stoker;
- No interior do imaginário místico será figurada pela epifania. Exemplo: "Reis Magos", de Giotto;
- No interior do imaginário dramático será figurada pelo dilema da passagem do tempo. Exemplo: "Antígona", de Sófocles.

c. Queda
- No interior do imaginário heroico será figurada como a morte ou perda moral. Exemplo: "A Queda de Murdock", de Frank Miller e David Mazzucchelli;
- No interior do imaginário místico será figurada pela descida. Exemplo: "Orfeu e Eurídice", na mitologia grega;
- No interior do imaginário dramático será figurada pelo dilema da transformação da árvore. Exemplo: "Sacrifício de Odin", na mitologia nórdica.

No contexto do imaginário heroico faz sentido que o herói confronte o monstro que o ameaça, como na figuração de Cronos, mas não faz sentido a fuga ou o questionamento ao destino. A narrativa mística admite a proteção do personagem ameaçado, mas proíbe o enfrentamento, como na figuração da "Fuga para o Egito". A narrativa dramática coloca o personagem em dilemas éticos entre obedecer a lei ou ao destino, como ocorre na narrativa de Antígona ou no "Sacrifício de Isaac".

Essas considerações dizem respeito aos personagens das figurações artísticas e aos sujeitos no interior das próprias estruturas de sensibilidade imaginárias. Um indivíduo cujo imaginário esteja constituído no interior de uma estrutura heroica apresentará diferentes graus de desconforto no interior de uma instituição predominantemente mística, e esse desconforto pode atingir o nível da necessidade de desligamento.

Figura 17 – Dinamização dos arquétipos

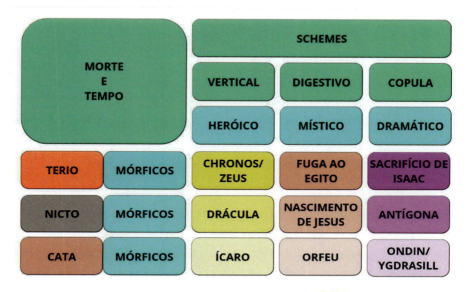

Fonte: o autor (2024)

Os *schemes* permitem que as narrativas se apresentem como dinamização dos arquétipos (Figura 17) e coerência na relação com os símbolos articulados para construir o sentido nas respostas imaginárias às figurações da passagem do tempo e da morte.

Na narrativa mitológica de Cronos e Zeus o sentido se constitui através do confronto entre a representação do monstro e a representação do herói; a Fuga do Egito é uma narração em que o confronto ou a aceitação do sacrifício não fazem sentido; a narração dramática do sacrifício de Isaac não faz sentido com a inserção de um confronto ou uma fuga. Todas essas narrações se estruturam como resposta à devoração, presente nos símbolos e arquétipos teriomórficos.

A resposta figurativa aos símbolos e arquétipos nictomórficos permite que a escuridão seja apresentada como as trevas da morte, na narrativa heroica de Drácula; como epifania, na narrativa mística do nascimento de Cristo; e na tensão que a passagem do tempo apresenta para a figura dilacerada de Antígona, que mede o tempo com a angústia de assistir a cada noite o drama do corpo sepultado de um irmão e do corpo insepulto do outro.

O simbolismo catamórfico encontra figuração sob a forma da queda heroica de Ícaro; da descida mística de Orfeu, em busca de Eurídice, e da queda e renascimento de Odin na narrativa dramática correspondente.

A atualização dinâmica dos arquétipos permite compreender que a Arquetipologia de Durand (1997) comporta um conjunto de metanarrativas que podem se atualizar em jornadas desenvolvidas pelas personagens no interior de cenários cuja direção de formação do sentido é diferente e responde aos contextos das estruturas de sensibilidade do imaginário em que se formam.

Essa lógica de construção de sentido está presente na subjetividade dos indivíduos, em relação com a forma predominante de conexão a alguma das estruturas do imaginário. A inadequação do ambiente ao universo simbólico que faz sentido para essa subjetividade é transformada em ondas de angústia existencial cotidiana.

Trataremos de identificar nesta pesquisa as formas predominantes de relação dos indivíduos com Transtorno do Espectro Autista (TEA) com os modos de estruturação do imaginário durante o processo de aprendizagem de conceitos. Procura-se apresentar uma seleção de imagens significativas relacionadas com os desafios presentes na aprendizagem de conceitos pelos alunos com TEA. No próximo capítulo, identificamos o modo e a intensidade da angústia presente em cada contexto com que essas pessoas são desafiadas nos respectivos contextos de aprendizagem.

3

O *DESIGN ANTHROPOLOGY* E O TESTE AT9/ATL.9

3.1 A metodologia de *Design Anthropology*

O método contemporâneo de coleta e análise de dados em uma investigação em Design Anthropology foi estruturado por Patricia e Gene Fuchs (Fuchs *et al.*, 2013, p. 3), no artigo "How to Conduct a Mini-Ethnographic Case Study: A Guide for Novice Researchers". Nesse aporte metodológico se indica que o design a ser construído precisa ser adequado "para dar resposta à questão de pesquisa", com vistas a fazer avançar a teoria, seja preenchendo um *gap* no conhecimento seja confirmando evidências existentes.

Os autores pontuam que a disciplina de *Design Anthropology* utiliza-se das técnicas etnográficas para buscar o que os participantes trazem na memória a respeito das experiências vividas, em oposição a uma descrição da experiência, como se utiliza nos estudos de etnografia clássica (Fuchs *et al.*, 2013, p. 5). Nesse sentido, indica-se que os dados coletados precisam ser triangulados, por meio de diferentes fontes ou diferentes métodos de captura, a fim de reduzir o impacto da subjetividade e dos vieses presentes nos pesquisadores e respondentes. Observa-se, ainda, que a permanência de vieses precisa ser rastreada nos principais processos de obtenção e compartilhamento, tais como: nas narrativas compartilhadas, nos processos de checagem, nos modos de saturação das fontes e na estrutura dos protocolos de entrevista.

A par das revisões que precisam ser realizadas nos dados obtidos, os autores sugerem quatro procedimentos de coleta de dados que podem ser utilizados na obtenção das informações necessárias à construção da resposta à questão de pesquisa: a observação direta, as notas de campo, o diário de pesquisa e os protocolos de pesquisa.

   a. **A observação direta:** é a atividade desenvolvida no local de pesquisa, por exemplo, durante a observação direta ao participante, o que pode incluir a linguagem corporal, o entorno do ambiente, e mesmo os ruídos em segundo plano (Fuchs *et al.*, 2013, p. 9);

b. **As notas de campo**: são aquelas anotações que o pesquisador pode realizar durante o tempo em que se encontra no local da pesquisa, a fim de capturar aquilo que vê e ouve (Fuchs *et al.*, 2013, p. 9);

c. **O diário de pesquisa:** registros de impressões e sentimentos pessoais do pesquisador que resultam da sua experiência de campo, com vistas a auxiliar na identificação de vieses que possam impactar na interpretação dos dados;

d. **Os protocolos de entrevista:** atividades destinadas a esclarecer pontos da pesquisa, surgidos de observações, notas ou reflexões acumuladas. Cabe ao pesquisador escolher quem vai ser entrevistado e que questões serão respondidas. Os participantes precisam trazer respostas às questões relacionadas ao "como", ao "quê" e ao "porquê", de modo a esclarecer as próprias perspectivas, pensamentos e opiniões (Fuchs *et al.*, 2013, p. 10).

Os autores destacam vários aspectos que precisam ser tomados em consideração no uso dos processos de captura de dados (Fuchs *et al.*, 2013, p. 9–11), entre os quais pode-se destacar:

- A observação direta está sujeita aos vieses do pesquisador e os dados necessitam de validação dos participantes;

- As notas de campo precisam estar ancoradas em observações e serem tomadas o mais próximo possível ao local e tempo do evento a que se referem;

- Ao diário de pesquisa o pesquisador é ele próprio um filtro na captura das informações e as conclusões precisam ser confrontadas com evidências;

- As entrevistas não estruturadas apresentam níveis elevados de enviesamento.

Os aspectos associados pelos autores às possibilidades de enviesamento apresentam correlação com os aspectos técnicos fundamentais do estudo estruturado sob a forma de minietnografia em Design: o tempo reduzido de imersão, o número reduzido de participantes e a necessidade de transferibilidade das análises realizadas através do protocolo.

A presente pesquisa foi estruturada de maneira a explorar as subjetividades dos voluntários envolvidos nas experiências com o apoio das ferramentas de pesquisa antropológica (AT9/ATL9). A fim de atender os objetivos propostos, as atividades de coleta de dados foram organizadas em dois blocos (Figura 18):

a. Visitação ao local de estudo dos alunos com TEA, nas áreas de ensino-aprendizagem e nas áreas de lazer, na cidade do Recife, para realizar a observação direta e a anotações de pesquisa;

b. Realização de três entrevistas estruturadas com cada um dos pesquisados, três alunos com TEA e uma professora, a fim de obter os dados com diferentes níveis de profundidade e obter a saturação dos dados necessários. Foram realizadas duas entrevistas on-line e uma entrevista presencial.

Figura 18 – Itinerário de pesquisa

Fonte: o autor (2024)

A fim de atender às necessidades de autonomia dos alunos com TEA na presente pesquisa, foi realizada a exclusão dos pais do universo de pesquisados que havia sido proposto no protocolo de pesquisa original. A decisão foi tomada para assegurar a autonomia adquirida pelos jovens alunos, como resultado do esforço ao longo da vida. Nesse contexto específico, a inclusão dos pais no processo de pesquisa poderia se apresentar como uma falta de confiança nas possibilidades dos próprios alunos como respondentes autônomos da pesquisa.

3.2 O Teste Antropológico (AT9/ATL9)

O uso do Teste Antropológico de Nove Elementos Simbólicos (AT9), criado por Yves Durand (1988, 2002), permite o desenvolvimento de abordagens de design dos processos educacionais, utilizando o resultado dos testes AT9 como referência para identificar vieses cognitivos.

Considerando que a imaginação é manifestação do trajeto antropológico, os testes permitem reconstruir os modos de manifestação da identidade individual e identificar os níveis de inquietação dos sujeitos em relação às dificuldades propostas pelos desafios enfrentados no dia a dia. O resultado dos testes apresenta a estrutura do imaginário e a intensidade dos conflitos representados pelos respondentes.

O tratamento das informações contidas nos protocolos de pesquisa permite as seguintes operações analíticas:

a. Identificar, nas figurações realizadas, o tipo de estrutura antropológica de referência;

b. Identificar a intensidade das relações de inclusão ou exclusão presentes no enfrentamento figurado no cenário do protocolo de pesquisa (confronto ou acolhimento).

A análise do teste AT9 proposta por Yves Durand (1988) identifica os sentidos das ligações entre os elementos simbólicos representados e suas relações com os tipos de microuniverso mítico figurado (heroico, místico ou dramático). Durand propõe a avaliação mediante modelos cognitivos que podem ser utilizados para estruturar as dinâmicas entre os sujeitos-autores e os objetos-expressões.

Durand destaca a existência de duas características fundamentais presentes em todos os testes AT9:

a. A primeira é a presença obrigatória, em cada um dos testes, de um **mesmo conjunto de elementos** arquetípicos, figurados por variadas imagens, em que se manifesta uma **intenção subjacente** do respondente ao elaborar a dinâmica entre os elementos figurados;

b. A segunda é que o teste exprime uma **ação dramática**, e, no centro da mesma, o personagem assume o **papel do "herói"**, em torno do qual os demais elementos são organizados.

Durand (2005) pontua que, à parte o aspecto formal da descrição, o objetivo é analisar o mecanismo que preside cada agrupamento de imagens e definir, por meio de modelos cognitivos, o dinamismo operante na estruturação do microuniverso mítico (heroico, místico ou dramático). Os métodos de análise foram desenvolvidos para explorar os aspectos das duas características fundamentais: a intencionalidade do agente e a dramaticidade das personagens.

A construção metodológica de Yves Durand (1988, p. 228) cita a pesquisa desenvolvida no Brasil (Pitta, 1980) como um modelo de validação do teste AT9 em um contexto de cultura complexa e valida o uso do teste AT9 em pesquisa de largo escopo, como a investigação de características do imaginário nacional. A pesquisa referida pontua um conjunto de características comuns em quatro diferentes grupos culturais (colonos, vaqueiros, índios fulni-ô e iniciados dos terreiros de xangô), distribuídos em diferentes regiões geográficas brasileiras.

As características comuns e diferenciais das estruturas do imaginário nacional, identificadas na pesquisa, são resumidas pela autora (Pitta, 1980, p. 79):

> Os testes foram classificados por estruturas (segundo Yves Durand): a estrutura heroica, caracterizada pela presença dominante do combate; a estrutura mística, traduzindo uma atmosfera de repouso, equilíbrio e harmonia; a estrutura sintética, reproduzindo seja as duas estruturas anteriores (bipolares), seja uma continuação no tempo (polimorfas). Estes três temas, ou estas três estruturas, correspondem a três maneiras diferentes de fazer face à angústia existencial: seja afrontando-a com as armas na mão, seja construindo uma harmonia donde ela é excluída, seja dissolvendo-a numa continuidade temporal.

A pesquisa citada atesta a recorrência dos modos de figuração do imaginário, que persistem no tempo e podem ser investigadas em relação à grande angústia existencial humana, ou às pequenas angústias materializadas pelos desafios cotidianos. Os traços desse imaginário são os elementos que se espera encontrar nas figurações de protocolos de pesquisa realizados no Brasil.

A análise da cultura regional brasileira demonstrou, em um escopo mais restrito, o caráter místico dos terreiros de Xangô do Recife e encontrou uma caracterização dos elementos da cultura Iorubá em manifestações figurativas do imaginário local (Pitta, 1983): "Para o grupo de Xangô haveria, se os números fossem suficientes para serem válidos...a predominância de estruturas místicas remetendo ao regime noturno da imagem que caracteriza a cultura Iorubá".

A transição da lógica de exclusão que caracteriza a figuração do imaginário heroico para a lógica de inclusão, manifestada na figuração do imaginário místico, ficou evidente para culturas diferentes da europeia.

Essa diferenciação foi observada por Gilbert Durand (1997): separação no imaginário heroico e conectividade no imaginário místico.

A característica de síntese entre as estruturas heroicas e místicas que fundamentam a existência do imaginário dramático é acentuada em todos os trabalhos de pesquisa, como destaca a investigação desenvolvida por Danielle Pitta (2005, p. 36): "A estrutura sintética do imaginário vai, dessa maneira, harmonizar os contrários, mantendo entre eles uma dialética que salvaguarde as distinções e oposições, e propor um caminhar histórico e progressista."

Propõe-se, no presente trabalho, que a análise do Teste AT9 seja utilizada para elaborar uma identificação das formas do imaginário dos alunos com Transtornos do Espectro Autistas (TEA). Essa sistematização permite avaliar os contextos de inclusão e dá conta de evidenciar o modo como os estudantes com TEA articulam os elementos simbólicos e permite definir a que estrutura de sensibilidade cada respondente está conectado. Observou-se anteriormente que a estrutura dos arquétipos que constituem o imaginário é anterior ao desenvolvimento do pensamento conceitual; dessa forma, é possível utilizá-los para contornar as limitações que os respondentes com autismo apresentam na relação com conceitos abstratos.

A identificação do tipo de estrutura de sensibilidade (heroica, mística ou dramática/sintética) permitirá seguir para uma análise da intensidade das forças simbólicas representadas pelos respondentes, utilizando como referência os processos interpretativos propostos por Yves Durand (2005).

3.3 A estrutura do teste AT9

O protocolo criado por Yves Durand (2005) pode ser aplicado em estudos clínicos e investigações acadêmicas sobre o imaginário em todo o mundo. Esse itinerário investigativo é mapeado em pesquisas recentes (Araújo; Baptista, 2003, p. 13):

> Como é sabido, a reflexão sobre o imaginário e sobre a Imaginação Simbólica iniciou-se com o Círculo de Eranos (Ascona, Suíça), nomeadamente com autores, entre outros, como Carl Gustav Jung, Mircea Eliade, Henry Corbin, Adolph Portman, Karl Kerenyi, James Hillman, Erich Neumann, Gilbert Durand... todos eles interessados em uma hermenêutica das imagens, dos símbolos, do sagrado e dos mitos no imaginário das culturas.

Yves Durand desenvolveu o teste AT9 com base nas estruturas antropológicas do imaginário identificadas por Gilbert Durand. O método, aplicado na Universidade de Grenoble, teve uma circulação mais ampla por intermédio da publicação da tese, sob o título "L'exploration de l'imaginaire: introduction à la modélisation des univers mythiques", sem tradução para a língua portuguesa. No trabalho, o autor estabelece o princípio norteador para testar a validade da teoria geral do imaginário (Durand, 1988, p. 21):

> Se a ordem estrutural estabelecida, a propósito do imaginário, na concepção antropológica de Gilbert Durand é pertinente, esta ordem não é exclusiva dos fatos culturais altamente elaborados sobre os quais se apoia e deve ser possível comprová-la por meio documentação originada de material bruto, ou seja, é possível comprová-la por meio de fatos relevantes da imaginação criativa do presente 'no homem comum', por meio de uma exploração popular do imaginário (tradução livre do autor).

A necessidade metodológica discutida por Yves Durand consiste no fato de que a imagem da teoria geral do imaginário precisaria ser projetada em um teste que fosse suficientemente preciso para tornar visível o imaginário do sujeito pesquisado e, ao mesmo tempo, permitir avaliar a precisão heurística da própria teoria. Ele destaca que o empreendimento teórico e criativo desenvolvido por Gilbert Durand apresentou dois aspectos significativos: em primeiro lugar, identificou o dinamismo criador das estruturas identificadas e, em segundo lugar, realizou o inventário das estruturas existentes.

Yves Durand (2005) postulou que as imagens figuradas nas estruturas do imaginário formam os conjuntos identificáveis ou constelações de símbolos enraizados nos três *schemes* descobertos por Gilbert Durand (1997), compartilhando uma estrutura semiótica de formação de sentido.

Figura 19 – Sistematização do imaginário

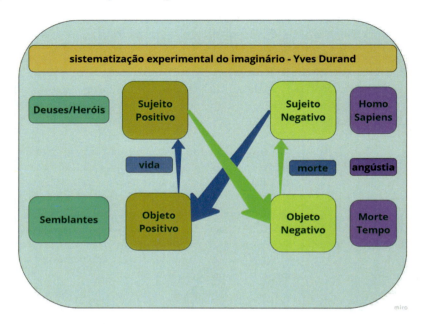

Fonte: o autor (2004)

Yves Durand (2005) representa, na estrutura de um Quadrado Semiótico (Figura 19), a tensão presente em todas as estruturas narrativas da cultura. Ele indica a existência de dois polos de significação opostos: um polo negativo e orientado à morte, que conecta o sujeito negativo humano com o objeto negativo, a morte (morte real); e um polo positivo e orientado à vida (vida imaginária na cultura), que conecta o sujeito positivo imaginário (deuses e heróis) e o objeto positivo imaginário (Semblantes da Morte), representado pelas formas vencíveis da morte.

O autor concorda com as conclusões de Gilbert Durand e considera que o objetivo do percurso imaginário de criação do simbolismo na cultura é superar a angústia existencial provocada pela consciência da finitude humana. Nesse sentido, os mitos representam a permanência da vida através da cultura e a vitória final sobre a morte individual, com os semblantes humanos (heróis e deuses) confrontando os semblantes da morte (os monstros e o tempo devorador). Nesse sentido, os sujeitos imaginários (deuses e heróis) sempre derrotam a morte que os sujeitos reais (homens e mulheres) não têm possibilidade de fazer.

Figura 20 – Teste Antropológico AT9

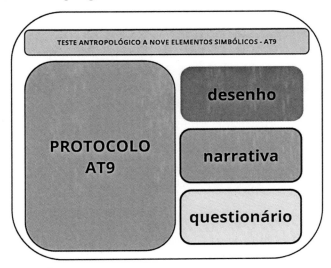

Fonte: o autor (2024)

Yves Durand propôs a organização do protocolo de pesquisa, Teste Antropológico de Nove Elementos Simbólicos, composto por três atividades (Figura 20): um desenho, uma narrativa sobre o desenho e a resposta a um questionário sobre as figuras utilizadas na construção do desenho.

Os arquétipos utilizados no enunciado do teste, presentes na Figura 21, permitem conectar a imaginação simbólica do sujeito com as estruturas de sensibilidade do imaginário. Esses elementos serão apresentados durante a realização da atividade criativa: queda, espada, refúgio, monstro devorador, objeto cíclico (que gira, reproduz ou progride), personagem, água, animal (pássaro, peixe, réptil ou mamífero) e fogo. Esses elementos funcionam como uma forma vazia capaz de receber as imagens projetadas pelo sujeito que realiza o protocolo de pesquisa.

Os elementos possuem conexão com as três formas do imaginário (a espada, ao imaginário heroico; o refúgio, ao imaginário místico; o objeto cíclico, ao imaginário dramático). O sujeito humano é projetado no personagem e os semblantes da morte e da passagem do tempo são figurados pelos arquétipos da queda e do monstro devorador. Cada elaboração do teste é o correspondente simbólico da criação de um mundo completo. É um microuniverso mítico que vai situar topologicamente a imaginação criativa do sujeito em uma das estruturas de sensibilidade do imaginário.

Considerando que a formação da identidade se realiza por meio do trajeto antropológico, entre a subjetividade individual e a objetividade da cultura, o teste AT9 possui elementos com função de reforçadores simbólicos (água, fogo e animal). Esses elementos podem figurar na narrativa e no desenho do AT9 sob a forma de cargas semânticas da força de vida ou da força de morte.

Figura 21 – Elementos simbólicos

Fonte: o autor (2024)

Pesquisas realizadas com o uso do protocolo AT9 em estudos sobre a criatividade (Migliorini, 2010), classificam os resultados em quatro categorias fundamentais: estrutura heroica (tema do combate); estrutura mística (atmosfera do repouso); estrutura sintética ou dramática (temas do combate e do repouso organizados de forma diacrônica ou sincrônica); e universo da não-estruturação, no qual os nove elementos são representados isoladamente e sem articulação temática aparente entre si.

Yves Durand (2005, p. 55) descreve o protocolo AT9 como uma obra de criatividade desenvolvida em dois planos: um primeiro gráfico, implicando em uma representação figurativa e outro verbal (explicação/narração), operando em segundo grau. A narração ou explicação é constituída por um discurso, mais ou menos racionalizado, sobre o desenho elaborado.

As discussões de Yves Durand (2005) acrescentam que cada universo simbólico do teste AT9 pode ser descrito em uma única construção verbal, uma frase, que corresponde a uma estrutura com sujeito, verbo e objeto, conforme a Figura 22. Uma construção heroica pode ser elaborada em uma frase sobre o enfrentamento, "o herói confronta o monstro" (Figura 23); a estrutura do microuniverso místico pode ser definida pelo repouso, "o peregrino descansa no refúgio" (Figura 24) ou uma construção dramática, "o personagem descansa no refúgio e personagem enfrenta o monstro" (Figura 25). O microuniverso dramático apresenta dois ciclos de atividades, sendo um heroico e outro místico, que podem ser simultâneos ou consecutivos.

Figura 22 – Estrutura elementar do cenário

Fonte: o autor (2024)

O objetivo final da criação do teste AT9, conforme pesquisadores contemporâneos (Araujo; Baptista, 2003, p. 194), foi verificar a falseabilidade da teoria geral do imaginário, considerando que uma teoria "refutável é científica, ou seja, dá oportunidade a testes que permitam eventualmente invalidá-la ou rejeitá-la". Essa consideração é reforçada pela versão atualizada da metodologia de análise do protocolo AT9, no livro *Une technique d'étude de l'imaginaire: l'AT.9*, de 2005, no qual o autor (Durand, 2005) justificou a renomeação do protocolo de pesquisa, que passou a ser designado como Teste Antropológico de Nove Elementos, e não mais Teste Arquetípico de Nove Elementos, por causa dos dois aspectos fundamentais: um protocolo experimental para teste de uma teoria antropológica e um protocolo de investigação que utiliza elementos simbólicos que não são todos arquétipos, no sentido rigoroso do termo.

Figura 23 – Cenário heroico

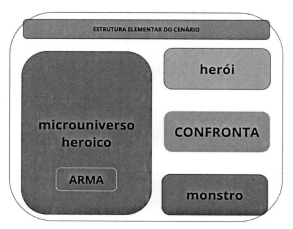

Fonte: o autor (2024)

Considerando a possibilidade de testes em diferentes contextos, foram realizadas aplicações do protocolo experimental em todo o mundo.

Figura 24 – Cenário místico

Fonte: o autor (2024)

Observou-se que a pesquisa desenvolvida no Brasil (Pitta, 1980, p. 77) demonstrou que o teste AT9 poderia ser utilizado para investigar características do imaginário de um país, o que foi feito por intermédio da aplicação do teste AT9 a 998 indivíduos, em vários segmentos culturais do Brasil. Esse trabalho de pesquisa é referenciado pelo próprio Yves Durand como um modelo de validação internacional do protocolo de pesquisa (Durand, 1988, p. 228).

Figura 25 – Cenário dramático

Fonte: o autor (2024)

No contexto desta pesquisa, o teste AT9 foi utilizado para identificar as características da simbolização presente nos protocolos dos alunos de graduação que cursam disciplinas em Design. Procurou-se entender como a percepção desenvolvida por eles a respeito do conceito de INCLUSÃO sofre modificações, na medida em que eles se conectam com o próprio imaginário.

A pesquisa recente aponta para a insuficiência das metodologias clássicas utilizadas em investigações no contexto da complexidade contemporânea (Portanova Barros, 2015, p. 30):

> Certamente, nos dias de hoje, nenhum estudo aprofundado pode ser feito de maneira satisfatória através de teorias e métodos que foram adequados à modernidade. A nosso ver, só as teorias emergentes, levando em conta a complexidade, o mundo fragmentado... as novas tribos, enfim, as teorias que abordam de uma maneira ou outra esta função psíquica que é o imaginar, podem dar conta do recado. Empreender estes estudos me parece urgentíssimo, pois com a acelera-

ção da capacidade tecnológica, em breve, sem uma nova elaboração dos dados, sem novos paradigmas, estaremos totalmente distantes da realidade.

Investigações pioneiras aplicaram a teoria do imaginário em aportes metodológicos a diferentes áreas. Pode-se referir, por exemplo, ao trabalho de pesquisa sobre as vivências femininas em meio rural (Guimarães, 1998) que atualiza a aplicação do Teste Antropológico AT9, mediante atividades de modelagem realizadas com barro, para superar os desafios apresentados pela forte oralidade e o baixo nível de instrução da área rural brasileira; um segundo exemplo de referência aplicou a pesquisa sobre a apropriação imaginária do espaço escolar por alunos pichadores (Garcez, 2000) e utilizou o Teste Antropológico de Local (ATL 9) para elaborar um mapa da sensibilidade da estrutura arquitetônica do lugar; e, por fim, uma terceira linha de investigação pesquisou a imaginação material e a percepção imaginativa para investigar a criatividade dos artistas da região pobre do Vale do Jequitinhonha (Giannotti, 2023). Cada um dos trabalhos referidos abre perspectivas aos estudos do imaginário e podem apoiar a pesquisa dirigida ao design de princípios de educação inclusiva para estudantes neurodivergentes.

O teste antropológico, nas formas AT9 e ATL9, permite a recuperação das constelações de símbolos agenciados pelos indivíduos no processo de construção de sentido para si e para o mundo que os rodeia. Essas constelações de símbolos permitem que se possa identificar o modo como os arquétipos estão presentes e caracterizam o modo como o indivíduo expressa criativamente o imaginário (cultural, coletivo e organizacional) através da expressão simbólica própria. Nesse sentido, o pesquisador Jean-Jacques Wunenburger (2007) destaca o fato de que o imaginário pode adquirir características específicas de um país, uma categoria profissional ou um meio técnico em função de um conjunto de imagens compartilhadas pelos frequentadores de espaços ou segmentos sociais específicos. Assim, torna-se importante investigar o conjunto de imagens compartilhadas nos espaços aos quais os aprendentes têm acesso.

A elaboração criativa realizada pelo autor do protocolo AT9 responde a uma lógica da estrutura de sensibilidade do imaginário. Dessa forma, o trajeto antropológico de cada participante funciona como um pêndulo que sincroniza e atualiza, periodicamente, a intimidade subjetiva com a cultura organizacional compartilhada. O processo de atualização não é um percurso linear e envolve custos e tensões que correspondem à travessia de um limiar de socialização e aprendizagem.

Cada um dos protocolos AT9 dramatiza (Durand, 2005, p. 168) um conteúdo existencial e afetivo, ligado às ideias e sentimentos expressos através do simbolismo da figuração. Esse conteúdo se expressa por meio de tendências positivas (vida) ou negativas (morte), cuja análise se desenvolve, exclusivamente, através do desenho e da narrativa.

Durand identifica três formas (Durand, 2005, p. 168–170) de manifestação da tensão presente no conteúdo existencial nas narrativas dramatizadas do imaginário (figuras 13, 14 e 15): a) a intensidade, resultante da relação entre vitória e derrota nas figurações heroicas; b) a tranquilidade, resultante da relação entre a segurança e a insegurança nas figurações místicas; e c) a inquietação, resultante da relação entre a serenidade e a angústia nas figurações dramáticas.

A figuração de microuniversos do imaginário heroico (Figura 26) apresenta dramatizações em que a personagem vivencia um dos cinco níveis de intensidade do perigo no confronto:

- nível 1: Vitória total do personagem;
- nível 2: Vitória difícil do personagem;
- nível 3: Vitória incerta do personagem;
- nível 4: Falha parcial do personagem (fuga);
- nível 5: Falha total do personagem (morte).

Figura 26 – Intensidade do conflito na figuração heroica

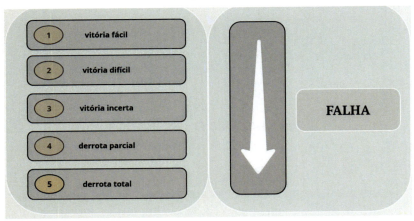

Fonte: o autor (2024)

A figuração de microuniversos do imaginário místico (Figura 27) apresenta dramatizações em que o personagem vivencia um dos cinco níveis progressivos de ameaça à tranquilidade do refúgio:

- nível 1: Personagem tranquilo, sem nenhuma ameaça no ambiente;
- nível 2: Personagem tranquilo vivendo em um ambiente com discretos elementos de insegurança, mas sem risco direto;
- nível 3: Personagem tranquilo vivendo em um ambiente com discretos elementos de insegurança, necessitando se manter distante das ameaças;
- nível 4: Personagem necessita se proteger contra ameaças diretas a sua segurança. Uma vida segura ainda é potencialmente possível;
- nível 5: Personagem vive em um ambiente hostil e uma vida tranquila não é possível.

Figura 27 – Intensidade do insegurança na figuração mística

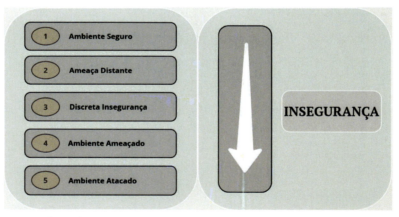

Fonte: o autor (2024)

A figuração de microuniversos do imaginário dramático (Figura 28) apresenta a personagem vivenciando um dos cinco níveis progressivos de angústia:

- nível 1: A angústia (real ou metafísica) é controlada através de um esquema (ciclo, progresso e dualismo) que dá sentido à vida e à morte, atingindo uma real serenidade;

- nível 2: A angústia (real ou metafísica) é controlada através de um esquema (ciclo, progresso e dualismo) que dá sentido à vida e à morte, atingindo uma serenidade incompleta;
- nível 3: Tomada de consciência sobre a angústia ligada à natureza, ao mundo atual ou à condição humana. A solução visada torna difícil identificar se o ser humano é ou não angustiado;
- nível 4: Expressão da angústia ligada à natureza, ao mundo atual ou à condição humana. A solução visada não contribui para solucionar o problema;
- nível 5: A angústia (real ou metafísica) é expressa simbolicamente, deixando o indivíduo abandonado à própria sorte.

Figura 28 – Intensidade da angústia na figuração dramática

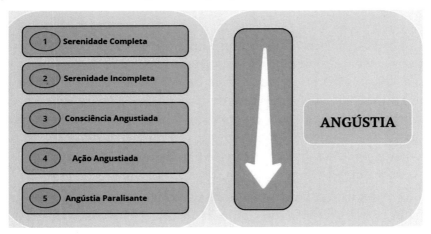

Fonte: o autor (2024)

3.4 A análise do conteúdo figurado nos protocolos AT9

Gilbert Durand (1997) indica que as narrativas e manifestações artísticas de todas as sociedades são expressões imaginárias da angústia existencial humana, figuradas nos modos de ação e reação dos personagens nos desenhos e narrativas. Na presente pesquisa, os questionários do Teste Antropológico AT9 foram aplicados para identificar os níveis de conforto ou desconforto do respondente-autor, através da análise do conteúdo existencial das ações e reações dos personagens das composições AT9 realizadas.

Essa aproximação entre o universo simbólico dos sujeitos e as representações presentes nos protocolos de pesquisa é referida a diferentes contextos de pesquisa que os utilizaram, conforme encontramos em referências de uso (Pitta, 2019, p. 168–169):

> Os estudos realizados durante 40 anos pelo Núcleo Interdisciplinar de Pesquisas sobre o Imaginário da Universidade Federal de Pernambuco, por meio da aplicação do Teste AT9 de Yves Durand a diversos setores da sociedade (estudantes universitários, índios Fulni-ô, adeptos de religiões de matriz africana, entre outras), mostraram neste imaginário, a presença de divindades ocidentais, orientais, africanas, amazonenses, etc. A mitocrítica utilizada em estudos de textos, compostos por publicações de um partido político, por um conjunto de entrevistas, por uma obra literária, em um filme, etc., confirmam a presença das mesmas figuras míticas encontradas por intermédio dos Testes AT9.

A correlação dessas estruturas e dinâmicas relaciona-se com a presença das forças de coesão que constroem o sentido, através de figuras e temas discursivos presentes nos testes. Essa aproximação de sentidos entre o mundo vivenciado e o mundo materializado na composição AT9 permite que se avaliem graus de conforto ou desconforto em relação aos contextos de atuação dos sujeitos que elaboram as composições, porque os personagens e contextos narrativos figurados nos Testes AT9 são projeções do autor-respondente do protocolo.

O método de interpretação precisa ser capaz de recuperar os elementos não verbais, presentes na comunicação humana, pois, como observa Donald Norman (2008, p. 191): "quando interagimos com outras pessoas, as expressões faciais e a linguagem corporal delas nos informam se nos compreendem, se estão confusas, e se estão de acordo."

O modo como foi construído o teste AT9 possibilita o acesso à estruturação do imaginário do sujeito que o realiza, e interpretar a estrutura simbólica dos arquétipos que o organizam. O teste AT9 pode ser utilizado, de forma cotidiana, para entender a conexão entre integrantes de equipes ou direcionar atividades conjuntas, e possibilita o acolhimento antecipado de possíveis desconexões entre o sujeito realizador e o ambiente no qual atua, e, ainda, verificar a efetividade dos processos educacionais na relação com o sentimento de autonomia dos indivíduos envolvidos.

O criador do protocolo (Durand, 2005) elaborou a metodologia sob a forma de um sistema e formulou o teste como uma forma de realidade materializada. Os elementos que compõem o teste formam uma estrutura que incorpora nove arquétipos, organizados em três partes: uma cena desenhada, uma narrativa e um questionário, e permitem analisar a implicação e a projeção do sujeito na realidade construída.

A análise do processo de implicação do sujeito na realidade figurada permite identificar características importantes da presença desse sujeito na própria realidade circundante. Na Figura 29, temos a figuração dos elementos de um protocolo que permite uma identificar como a sensibilidade aos processos circundantes está presente e pode ser inferida no protocolo de pesquisa.

Figura 29 – Figuração do imaginário heroico

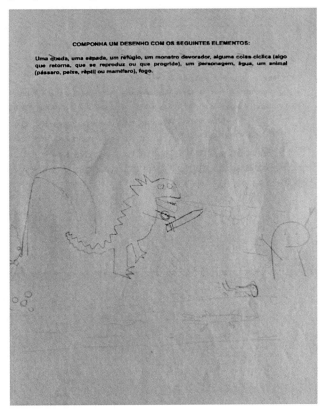

Fonte: protocolo de pesquisa (2024)

O protocolo acima (Figura 29) pertence a um respondente neurotípico e apresenta uma cena de confronto entre personagens e um monstro. Apresenta um monstro de pé, em posição central da composição, um personagem caído no solo e um segundo personagem em fuga. A figuração do monstro é representada na posição vertical e com uma proporção de tamanho superior à representação dos outros elementos figurados. O monstro porta uma espada e sopra fogo contra os personagens. Na figuração, o monstro controla o acesso à água e ao refúgio. O autor construiu uma narrativa que faz sentido e apresenta coerência como uma figuração do confronto no imaginário heroico.

Narrativa do protocolo da Figura 29:

"O monstro devorador é o Godzilla, soltando jato de fogo em direção a uns personagens, em que um foge e outro cai. Além do ataque com fogo, o monstro também possui uma espada para atacar os remanescentes que ousaram invadir seu refúgio à beira do rio, de onde provém seu alimento (répteis) e frutos de árvores que simbolizam o ciclo da vida com seus frutos que criam novas árvores."

A estrutura dos elementos figurados permite identificar o imaginário heroico predominante no protocolo e a direção das forças simbólicas representadas. É possível identificar se a figuração sinaliza uma resposta positiva ou negativa, conforme os elementos simbólicos reforçam a posição do monstro devorador, ou do personagem que o confronta, existindo a predominância de forças orientadas à morte ou à vida.

A cena da Figura 29 é uma expressão do imaginário heroico, caracterizado pelo confronto. A cena apresenta uma figuração negativa do imaginário heroico, com o herói em fuga e o monstro figurando no centro do microuniverso simbólico construído. A composição apresenta uma rede de conexões simbólicas em torno do arquétipo do monstro: fogo, água, refúgio, animal (o próprio monstro) e espada. No campo do herói são figurados apenas o personagem (duplicado) e a queda. A figuração heroica negativa acentua a predominância da angústia e apresenta correspondência com a desconexão entre o sujeito realizador e a situação vivencial em que se encontra no mundo real.

Figura 30 – Predominância das forças simbólicas (entrevista do protótipo)

Elemento	Imagem	Função	Simbolismo	Positivo/ Negativo
1 - Queda	Pessoa/*floch*	Nenhum	Percalços da vida	*Morte*
2 - Espada	Espada	Nenhum	Segurança	*Morte*
3 - Refúgio	Caverna	Nenhum	Segurança	*Morte*
4 - Monstro	Godzilla	Nenhum	Perigo	*Morte*
5 - Cíclico	Árvore/frutas	Nenhum	Ciclo de vida Recomeçar	Vida
6 - Personagem	Floch correndo	Nenhum	Convívio	*Morte*
7 - Água	Rio	Nenhum	Paz	Vida
8 - Animal	Jacaré	Nenhum	Perigo	*Morte*
9 - Fogo	Bola de fogo	Nenhum	Segurança	*Morte*

Fonte: o autor (2024)

A Figura 30 apresenta a análise da orientação das forças simbólicas presentes na composição, de acordo com a resposta do respondente-autor ao questionário do teste AT9. Encontra-se representada a direção da força simbólica presente na composição. Consideram-se orientados à morte os elementos que apoiam a figuração do monstro devorador (tempo/ morte) e como orientados à vida os elementos que reforçam a posição do personagem.

As forças da imaginação simbólica representadas no protocolo são atualizações da angústia existencial humana à passagem do tempo e à ameaça da morte. Nesse sentido, é importante acompanhar a observação de Yves Durand, (Durand, 2005, p. 81):

> Das observações realizadas, nós teremos que as diversas estruturas representam 'respostas' ao 'problema' fundador do imaginário constituído pela posição do homem vitimizado pelo Tempo mortal (cenário inicial ou primário do imaginário)... [onde] o actante objeto negativo é figurado por um monstro, o qual é diretamente criador de desordem, medo e morte ao actante sujeito. Diremos que ele é o

> representante da ***ordem da morte***. Em oposição ao actante objeto positivo, representativo da **ordem da vida**, que aparece ordinariamente no próprio processo de estruturação ...(criador da vida imaginária)...[e] pode apresentar-se sob a forma simbólica do divino.

A oposição fundamental do imaginário heroico (Durand, 1978) entre o herói e o monstro apresenta-se através da estrutura de um triângulo entre os arquétipos: herói, espada e monstro. As figurações dessa oposição nos protocolos de pesquisa apresentam níveis de intensidade, que variam entre a vitória e a derrota no confronto.

A atualização das pesquisas de campo, realizada por Yves Durand (2005), permite que se construa um modelo para a comparação entre figurações de qualquer composição AT9.

Na composição heroica, a angústia máxima será figurada pela derrota do herói e a angústia mínima será figurada pela derrota do monstro. No espectro intermediário figuram os elementos que permitem identificar níveis diferenciados de angústia. A Figura 20 apresenta um visualizador dessa angústia, organizado com base nas discussões de Yves Durand (2005) e utilizável para a avaliação de protocolos heroicos de qualquer natureza (narrativas, desenhos e construções).

Figura 31 – Intensidade do confronto no imaginário heroico

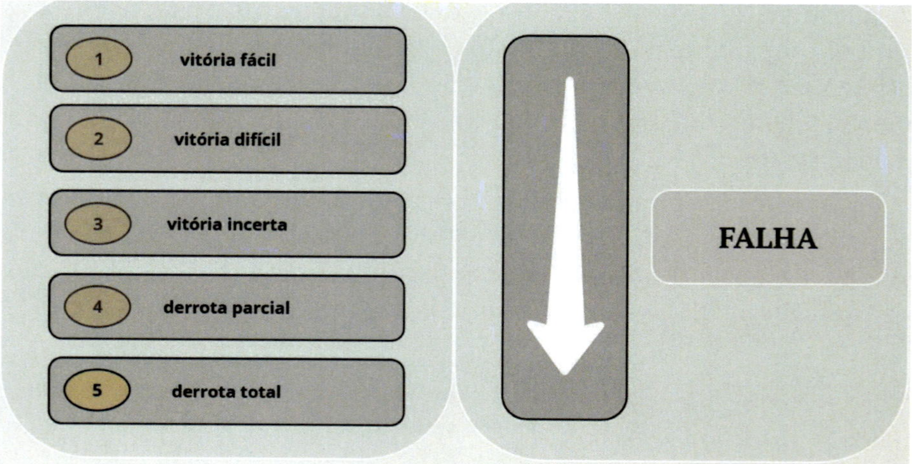

Fonte: o autor (2024)

Os níveis de angústia existencial, figurados como falha (Figura 31) no protocolo número 1, têm a seguinte correspondência:

- nível 1: Vitória fácil: o herói enfrentar o monstro sem ajuda;
- nível 2: Vitória difícil: o herói enfrentar o monstro com ajuda;
- nível 3: Vitória incerta: o herói e o monstro sofrerem perdas;
- nível 4: Derrota parcial: o herói perde, mas consegue fugir;
- nível 5: Derrota total: o herói é morto pelo monstro.

Podemos afirmar, com base na Figura 31, que a narrativa do protocolo da Figura 29 representa um confronto com angústia existencial elevada, em que ocorre a derrota parcial do herói, que se representa duplicado, e "um foge e outro cai." Na composição, a angústia existencial é figurada em um nível próximo ao máximo: derrota parcial.

Yves Durand (2005, p. 38) destaca que a figuração "onde o monstro é representado como portador da espada é um caso de exceção", que necessita de uma elaboração particular, porque a espada é um símbolo universal do arquétipo do herói. O autor pontua que, nesses casos, figura uma forma negativa do universo mítico. No protocolo da Figura 29, a representação equivale à angústia do respondente-autor frente a desafios desproporcionais enfrentados.

O teste AT9 oferece a possibilidade de dispor-se de meios para a aferição do grau de bem-estar ou satisfação dos integrantes de interações educacionais e permite que se antecipem questões relacionadas com a sensibilidade emocional envolvida, através do uso regular em equipes de trabalho. Assegura-se a presença de canais para fazer fluir o sentimento e expressar a sensibilidade, na direção apontada por Donald Norman (2008, p. 194):

> As emoções positivas são de fundamental importância para o aprendizado, para manter a nossa curiosidade com relação ao mundo. Emoções negativas podem nos proteger do perigo, mas são as emoções positivas que fazem com que a vida valha a pena ser vivida, que nos conduzem às coisas boas da vida, que recompensam nossos sucessos e fazem com que nos esforcemos para ser melhores.

Visualiza-se a possibilidade do uso do protocolo em apoio a processos de longo prazo, mediante a aferição de satisfação dos envolvidos, considerando-se que uma parte considerável dos afetos não está presente na consciência dos envolvidos, mas pode ser aferida através do protocolo de pesquisa.

Figura 32 – Figuração do imaginário místico

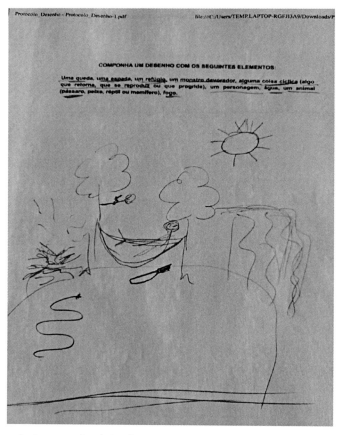

Fonte: protocolo de pesquisa (2024)

Narrativa:

"O lugar onde eu gostaria de estar agora. É o lugar que eu imagino quando estou sob muito stress."

Na representação do imaginário místico o confronto deixa de ser o tema principal, que passa a ser a figuração do refúgio. No modelo da Figura 32, o personagem encontra-se em conexão indireta com a espada, porque não a está portando, e a espada deixa de ser um símbolo do confronto para se tornar um utensílio. Não existe, portanto, a representação do triângulo do heroísmo. O monstro devorador está figurado em uma situação fora de confronto, em situação de afastamento, e o animal, figurado como um pássaro, é um elemento de construção do cenário do refúgio na natureza. O fogo compõe o ambiente do refúgio, que se apresenta em uma área aberta. A queda, na forma de uma queda d'água, faz parte do ambiente do refúgio e conecta a água a um ciclo natural. O monstro não figura um perigo imediato.

A predominância de forças simbólicas positivas caracteriza a forma do imaginário místico, no qual se manifestam forças de acolhimento e aproximação, fundadas em uma lógica de analogia e similitude, conforme expresso nos estudos de Gilbert Durand (1997). Na representação do direcionamento das forças (Figura 33), entre o polo positivo e o negativo, é possível identificar que o confronto entre o personagem e o monstro, fundamental no imaginário heroico, não se encontra presente na figuração do imaginário místico.

Figura 33 – Representação da angústia no imaginário místico

Elemento	Imagem	Função	Simbolismo	Positivo/ negativo
1 - Queda	Cachoeira	Sossego	Paz de espírito	Vida
2 - Espada	Facão	Proteção	Tipo do local	Vida
3 - Refúgio	Montanha	Paz	Fora da rotina	Vida
4 - Monstro	Serpente	Habitat	Ameaça	*Morte*
5 - Cíclico	Sol	Natureza/vida	Vida	Vida
6 - Personagem	Eu	Recuperação	Energia	Vida
7 - Água	Cachoeira	Natureza	Ciclo	Vida
8 - Animal	Pássaro	Natureza	Beleza	Vida
9 - Fogo	Fogueira	Proteção	Poder	Vida

Fonte: o autor (2024)

O desenho apresentado no protocolo de pesquisa anterior (Figura 32) corresponde, de maneira integral, à figuração de um imaginário místico, com a predominância do refúgio, com os elementos representativos do repouso e da segurança. A relação de forças é reforçada pelo simbolismo de elementos ordem da vida (Figura 33), com fraca representação de elementos da ordem da morte, ameaça distante.

Figura 34 – Segurança do refúgio no imaginário místico

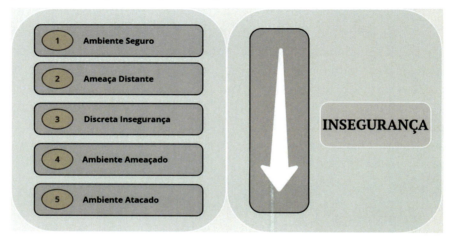

Fonte: o autor (2024)

As representações da angústia existencial no imaginário místico estarão referidas à diminuição da segurança presente no refúgio, onde a personagem vive, livre de ameaças reais ou potenciais. A figuração do refúgio no imaginário místico difere da figuração no imaginário heroico porque no refúgio heroico é parte da estrutura de confronto.

Na representação da estrutura mística, a insegurança máxima corresponderá ao ambiente sofrendo ataques do monstro, inundado ou sob fogo, e a representação da insegurança mínima corresponderá a um ambiente no qual não existem ameaças de nenhuma natureza. No espectro intermediário, são figurados os elementos que permitem identificar os níveis diferenciados de insegurança na composição.

Os níveis de angústia figurados no protocolo do tipo místico (Figura 34) têm a seguinte correspondência:

- Ambiente seguro: nenhuma ameaça presente no ambiente;
- Ameaça distante: discretos elementos de insegurança sem ameaça direta;

- Discreta insegurança: elementos de insegurança criam a necessidade da figuração de elementos protetivos;
- Ambiente ameaçado: ataques eventuais aos espaços utilizados pelas personagens;
- Ambiente atacado: refúgio destruído ou dominado pelo monstro.

No exemplo da Figura 32, o sujeito realiza uma narração defensiva e omite o espaço e o tempo vivido em troca de uma projeção de tempo e espaço distantes. O autor do protocolo identifica a narrativa no espaço: "O lugar onde eu gostaria de estar agora.", e omite o tempo da narração. Por se tratar de uma figuração do imaginário místico, o elemento significativo na avaliação do desenho do protocolo é o grau de segurança e o protocolo pode ser identificado como uma figuração do imaginário místico, em ambiente "com ameaça distante".

Em uma configuração mais complexa, a estrutura dramática do imaginário alterna as características comuns à estrutura heroica e à estrutura mística. No teste AT9 essa estrutura do imaginário é figurada pela predominância de um elemento simbólico específico, o objeto cíclico. O pesquisador Yves Durand (1988) identificou dois modos de figuração da estrutura do imaginário dramático: uma forma bipolar (sincrônica) ou uma forma polimórfica (diacrônica). A forma bipolar apresenta organização em que os elementos da estrutura heroica e os elementos da estrutura mística são figurados de forma simultânea. A forma polimórfica apresenta-se organizada como uma narração histórica que tem uma lógica marcada pelos ritmos da temporalidade.

Figura 35 – Figuração do imaginário dramático

Fonte: protocolo de pesquisa (2024)

Na representação do imaginário dramático, conforme o exemplo da Figura 35, o papel do personagem alterna a ação no enfrentamento ao monstro e na busca de um refúgio. Na figuração heroica, o personagem encontra-se em confronto com o monstro e em união com a espada. Aparece o triângulo do heroísmo, mas a bipolaridade da ação manifesta-se no refúgio, que é imaginado pelo personagem. Nessa figuração, a bipolaridade manifesta, ainda, a oposição do espaço heroico, marcado pelo elemento fogo, e do espaço místico, marcado pelo elemento água.

Figura 36 – Intensidade da angústia na figuração dramática

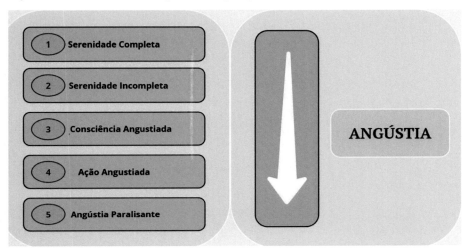

Fonte: o autor (2024)

A figuração dramática constrói sentido, segundo Durand (2005) em função da percepção da angústia pelo sujeito que age na alternância entre o enfrentamento heroico e a busca do repouso. A situação referida na Figura 35 corresponde ao nível relativo 4, que indica a ação angustiada (Figura 36) resultante do ambiente ameaçado.

4

O INQUIRIDOR GRÁFICO SEMIÓTICO (IG)

4.1 A inquirição gráfica de conceitos

A característica fundamental dos modos de acesso ao imaginário consiste em que a imaginação, como processo de simbolização, é moldada pelo trajeto antropológico. Os sujeitos pensam e agem, comunicam-se e imaginam a partir dos modos de conexão que estabelecem com o imaginário, ao longo da vida. Ainda que as transformações sejam observadas sob a forma de manifestação da subjetividade individual, é importante considerar que se trata de processos simbólicos (Cavinato, 2015, p. 158):

> Os processos simbólicos são pessoais, ao mesmo tempo em que são desenvolvidos em grupo. Não são psicológicos, uma vez que, operando com a imaginação chegamos ao território do Imaginário, que como vimos aqui, se forma em uma constante troca no trajeto antropológico, as imagens são geradas nos schèmes e se constelam a partir dos arquétipos, universais. A transformação que ocorre é da ordem da linguagem simbólica, a morte, a renovação, materializar imagens, reconhecer as imagens em funcionamento, 'o cineminha da imaginação', uma ação contra a imaginação sedentária, que acorda possibilidades, como afirma Bachelard.

O modo como as imagens estruturam o processo de sensibilização dos sujeitos torna manifesta a diferença entre as subjetividades e acentua a importância da socialização secundária, ocorrida nas instituições educacionais.

Pesquisas atuais em Design de aprendizagem (Rossi, 2023) apontam que os estudantes dos anos iniciais careciam de experiências anteriores de resolução de problemas; necessitavam desenvolver a capacidade empática para encontrar soluções de problemas para grupos aos quais não pertenciam; e, apresentavam baixos níveis de tolerância à incerteza, uma característica importante do processo de desenvolvimento de soluções em

Design. A proposta de encaminhamento das pesquisas apontou o conceito de empatia como um conceito fundamental e sugeriu a realização de atividades direcionadas ao florescimento desse atributo.

A pesquisa que fundamentou a presente pesquisa procurou estabelecer a relação existente entre o respondente e o conceito de INCLUSÃO, como forma de identificar as conexões existentes entre as imagens íntimas que o respondente carrega consigo e as imagens compartilhadas na vivência de aprendizagem compartilhada.

Figura 37 – Adaptação da Árvore da Inclusão

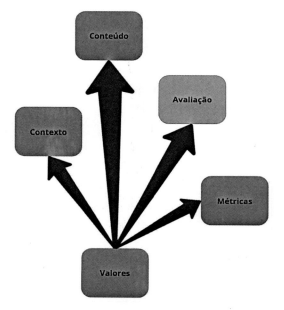

Fonte: o autor (2024)

Uma pesquisa contemporânea em Design, orientada a processos educacionais em contexto multicultural e coordenada pela universidade de Londres , define a importância do uso de imagens (Figura 37) como elemento simbólico agregador para os educadores envolvidos no processo de inclusão (Rossi, 2023, p. 21):

> [...] a visualização do processo de aprendizagem em design na forma de uma árvore com raízes e ramos é muito importante como 'artefato mediador' (Canole, 2008), minha

'representação visual do aprendizado em design para documentar e comunicar ideias de ensino' (Agostinho, 2006). A árvore representa a totalidade do processo de design da aprendizagem.

A existência de um artefato mediador permite que o compartilhamento de elementos simbólicos do processo de aprendizagem fique transparente e inclusivo, a partir da explicitação dos valores compartilhados pelos envolvidos. Entende-se que, na ausência de estudos sobre o modo de assimilação dos conceitos pelos estudantes com TEA, a utilização de um suporte imagético pode apoiar e tornar mais claro esse processo.

As investigações no campo educacional, construídas com suporte na teoria semiótica, podem apoiar a construção de um processo de avaliação que apoie a identificação dos obstáculos epistemológicos presentes em cada uma das estruturas de sensibilidade do imaginário envolvidas.

Existem pesquisas relevantes que propõem novas metodologias para contornar as oposições entre linguagem e pensamento, presentes nos processos de ensino de conceito contemporâneos, por intermédio da formulação integrativa que envolve o uso de imagens, sob a forma de um artefato semiótico, denominado imagem-conceito (Lackovic, 2020a):

> Nosso objetivo é desenvolver uma abordagem relacional para a prática e a teoria da educação, questionando a relação entre um conceito educacional (abstrato/teórico/verbal) e uma imagem (externa/ interna) no processo de pensar e aprender. As relações entre os objetos do mundo e os objetos da mente são necessariamente icônicas, e resultam de um ato criativo da imaginação. Nosso argumento busca inspiração em aspectos da semiótica de Charles Pierce, na forma do modelo triádico do signo, e os trabalhos dos semioticistas que o acompanham.

A abordagem proposta por Lackovic (2020a) apresenta-se como uma alternativa para explorar a hiperconectividade e a hiper visualidade presentes na sociedade contemporânea. E permite a aferição do processo de aprendizagem, pelo esforço em superar os vieses presentes na aprendizagem dos conceitos de qualquer disciplina.

A pesquisadora Mac Giolla argumenta que a aplicação da teoria do Inquiridor Gráfico, proposta por Natasa Lackovic (2020a), permite a correção de vieses perceptivos, através da exploração de imagens estáticas ou dinâmicas (Ri, 2020, p. 11):

> O aprendizado de conceitos pode então ser mediado pela exploração semiótica ou das relações entre os 'signos' dos objetos abstratos, ou teoria, e suas manifestações implícitas por via de diversas mídias digitais, escolhidas ou produzidas pelos estudantes e/ou professores, para representar suas experiências subjetivas. Assim como, representar visualmente os conceitos, identificar os 'gaps' dos conhecimentos problemáticos, compartilhar e trabalhar, dessa forma, como um gateway para a exploração, aquisição, engajamento crítico e integração conceitual de conhecimentos.

O trabalho estabelece um *framework* de validação semiótico utilizado em experiências de pesquisa para identificar os vieses da percepção e o desenvolvimento do pensamento divergente (Lackovic, 2020a, 2020b), em investigações das etapas de desenvolvimento do pensamento criativo. Trata-se de uma ferramenta que pode fornecer apoio ao desenvolvimento da percepção criativa, através da iconicidade que o suporta. Essa abordagem permite a construção de conceitos mais conectados com a experiência dos envolvidos no processo de ensino-aprendizagem.

Esse processo de endereçamento da aprendizagem a um conjunto articulado de imagens apresenta uma relação direta com as observações de Gilbert Durand (1993) sobre o caráter triádico do símbolo e sobre o processo pedagógico como uma atualização do trajeto antropológico. Nesse sentido, as interações entre os envolvidos no processo passam a ser materializadas em um espaço compartilhado de imagens no qual as diferenças de origem são minimizadas.

O uso de um artefato imagético (semiótico) na construção do aprendizado adiciona flexibilidade ao processo de acesso aos conceitos abstratos e permite o desenvolvimento de trilhas ou redes conceituais. Essas estruturas podem ser aplicadas ao aprendizado de cada disciplina ou atividade da formação profissional. Conforme Lackovic (2020b, p. 281):

> O estudo confirma o potencial do pensamento com imagens, como reportado por estudantes de doutorado, e conforme o design de cenários de aprendizagem, para conectar o universo mental com o mundo externo e seus artefatos, (via imagens). Quando as imagens são integradas em processos de pensamento e autorreflexão, pode-se produzir surpreendentes e estimulantes desenvolvimentos de conceitos, exposição de estereótipos/vieses inconscientes, deslocamento de fronteiras entre conceitos e teste de conhecimentos.

A autora elaborou experiências de recriação criativa de conceitos, visando trabalhar o processo de construção com um conjunto de integrantes de um programa de pós-graduação internacional (Lackovic, 2020b, p. 211), aplicando uma trilha de reconstrução baseada em imagens alternativas que permitiram múltiplas conexões com o conceito a ser explorado.

Nesse método de busca, o processo de ampliação das imagens associadas a um conceito se inicia como um mecanismo de quebra de estereótipos e permite a elaboração de um rol de aspectos relevantes, para pensar de forma criativa os elementos de significação para o redesenho do conceito abordado. Como destaca a autora (Lackovic, 2020, p. 202):

> O núcleo racional para a metodologia foi a concepção de que o entendimento de um conceito é reforçado se a formulação ou a definição de uma ideia for enriquecida por um conjunto de exemplos relacionados, alternativos ou desafiadores para apoiar múltiplas perspectivas e fomentar o pensamento criativo com imagens.

No que diz respeito ao trabalho com estudantes com Transtorno do Espectro Autista, o uso da metodologia, em apoio ao uso do teste antropológico (AT9/ATL9), pode permitir a aferição do processo de ensino-aprendizagem e a formação de um repertório de conceitos que pode ser ampliado de forma progressiva e independente pelo próprio aluno. O processo permite uma abordagem inclusiva por não identificar diferenciações em relação ao repertório de conhecimentos anteriores e a superar as possíveis dificuldades associadas ao contato de pessoas do espectro autista com conceitos abstratos. As pesquisas permitem uma abordagem presencial ou à distância e a utilização dos conceitos-portais propostos (Land; Meyer, 2003) como direcionadores de trilhas de aprendizagem de diferentes disciplinas.

A integração necessária à inclusão aponta para aspectos da transformação mais geral da sociedade e da cultura (Meira *apud* Oliveira; Meraki, 2022), em um mundo cada vez mais "figital", com interconexão entre o físico, o digital e o social. Essa percepção dialoga com uma aproximação mais afetiva e efetiva dos envolvidos na interação educacional, por meio de processos colaborativos e de jornadas educacionais que façam sentido em diferentes estruturas de sensibilidade do imaginário.

O Inquiridor Gráfico (IG) é um artefato desenvolvido por pesquisadores da área de linguagem e destinado a integrar elementos gráficos e narrativos em um contexto de aprendizagem de conceitos no ensino superior. A ferramenta foi desenvolvida para possibilitar a abordagem relacional entre teorias e práticas, por intermédio de processos de pesquisa capazes de integrar aspectos do uso da linguagem e das imagens, para superar as dualidades presentes na aprendizagem analítica (Lackovic, 2020b), tais como: imagem-conceito, mente-matéria ou abstrato-concreto.

A utilização da ferramenta no contexto da presente pesquisa destina--se a buscar meios de reduzir ou superar as dificuldades das pessoas com autismo em lidar com abstrações e em articular argumentações complexas. A linha de desenvolvimento aplicada no artefato é uma abordagem contraintuitiva, na qual a linguagem e a imagem são colocadas em cooperação, ao invés de figurarem como aspectos conflitantes (Lackovic, 2020b, p. 117):

> [...] na discussão sobre a riqueza da produção de sentido ser maior quando combina elementos pictóricos e linguísticos, e ser mais potente do que quando realizada somente com o uso de um modo (por exemplo, a linguagem), considerou-se que 'as imagens não transmitem significado do mesmo modo que a linguagem...' pois, como Kress (2003) observa, 'o mundo narrado' é diferente do mundo desenhado e exibido" (Hull & Nelson, 2005: 1-4). Desta forma, é muito mais frutífero juntar esses dois mundos, e não continuar a tratá-los de forma separada.

A autora pontua que as imagens em representações gráficas no cotidiano das cidades, e nos espaços da tecnologia moderna ocupam posição de destaque, como formas de expressão de traços da cultura nas superfícies ou nas telas. Elas possuem um espectro que se estende do uso do graffiti e de palavras à presença de fotografias em mídias sociais digitais e em formas híbridas. Nesse sentido, uma ferramenta de suporte à pesquisa com imagens permite, no caso do artefato proposto, a integração entre conceitos ou unidades temáticas através de diferentes domínios educacionais, com a finalidade de representar o conhecimento desenvolvido.

Essa abordagem está de acordo com uma pedagogia do imaginário, que procure construir um sentido para as imagens mobilizadas na aprendizagem, como observam os estudiosos do imaginário (Ferreira-Santos; Almeida, 2012, p. 31):

> Seja a imagem registrada em algum suporte de linguagem artística (fotografia, pintura, cinema, escultura, imagem cênica e coreográfica), seja a imagem que se forma em nossa imaginação e será constelada com outros conjuntos de

> imagens em nosso imaginário; a imagem possui o atributo básico de mobilizar nossos afetos, memória, percepções, nos exigindo formas de acompanhar seu movimento.

A aplicação de um artefato semiótico e digital para o suporte ao compartilhamento de imagens mediadoras da produção de conhecimento, entre estudantes e professores, é sugerida (Lackovic, 2020b, p. 37) como forma de potencializar, na educação superior, o desenvolvimento de relacionamentos e conhecimentos socializados entre faculdades e universidades, contribuindo para reduzir as diferenças originadas na hierarquização e nas práticas de uma meritocracia herdada. A prática se organiza em torno do compartilhamento do conhecimento produzido entre os mais experientes e os aprendizes.

No contexto original, o IG utiliza como suporte de pesquisa a fotografia (que pode estar na versão digital) e procura iluminar o processo de produção de sentido elaborado através das representações imagéticas. O processo toma como referência o fato de que a fotografia é o resultado de uma operação que transforma uma realidade tridimensional em uma versão bidimensional, mas guarda uma relação de correspondência imagética, de conexão física e de estruturação simbólica com a realidade representada. Esse processo de transformação da realidade, por meio da imagem, estabelece uma correlação como o funcionamento da imaginação humana que corrige o resultado da operação do instrumental técnico (Lackovic, 2020b, p. 37):

> Goldstein (2007: 64) indica que 'a razão mais trivial para que uma fotografia não possa ser entendida como uma representação fiel da realidade é o fato de que qualquer fotografia é uma representação bidimensional de uma realidade tridimensional.' Nossa mente, contudo, realiza as conexões necessárias entre a representação e o objeto tridimensional representado. Assim entendemos que um representa o outro, por meio da nossa habilidade de perceber a profundidade e a perspectiva, seja em uma fotografia ou um desenho, seus primeiros e segundos planos. O que é significativo é que conseguimos interrogar os conteúdos representados.

A indicação elaborada pela autora nos autoriza a inserir o Inquiridor Gráfico Semiótico em um contexto de análise de imagens produzidas por qualquer meio ou obtidas a partir de qualquer fonte, com o objetivo de construir uma forma de reelaboração do processo de aquisição e produção de conhecimento.

A operação se destina a permitir que as limitações atribuídas às pessoas neurodivergentes deixe de ser significativa para o resultado do processo de aquisição e criação do conhecimento. Com essa finalidade, procuraremos demonstrar que as limitações de operar com conceitos abstratos perdem peso à medida que os métodos de obtenção, produção e análise são modificados de forma consistente e reiterativa.

O modo de organização da aprendizagem que fundamenta a criação do método de pensamento com imagens é apresentado como o resultado de um conjunto de buscas de formas mais inclusivas e participativas no aprendizado (Lackovic, 2020b, p. 170):

> Paavola e Hakkarainen (2005) propõe uma nova metáfora para o aprendizado de conceitos que se acrescenta às duas anteriormente discutidas (aquisição e participação). A nova metáfora é 'criação de conhecimento', cuja perspectiva também está presente na teoria da construção do conhecimento (Scardamalia e Bereiter, 2006). São teorias cujo argumento é de que o acento da educação precisa ser colocado no processo, onde 'alguma coisa nova é criada e o conhecimento inicial é substancialmente enriquecido ou significativamente transformado', (Paavola *et al.*, 2002: 24)... para além da criação verbal.

O método de construção proposto sob a perspectiva do Inquiridor Gráfico Semiótico consiste em "encorajar os estudantes a transformarem a definição dos conceitos relevantes, e aquilo já conhecido, em imagens e narrativas" (Lackovic, 2020b, p. 172). Em seguida, esse conhecimento adquirido é estendido através da expansão da fronteira da definição, de forma metódica e reiterada, com vistas a quebrar, experimentar e desafiar o conhecimento e criar novas perspectivas de entendimento, elaborando conexões entre cada definição e as imagens agenciadas por cada participante do processo.

O objetivo de uma abordagem do Inquiridor Gráfico Semiótico, conforme Lackovic (2020b, p. 173), é "aprender por intermédio da construção de relacionamentos em oposição à aprendizagem baseada em tradução". Não se trata de abstrair a realidade por intermédio de conceitos, mas conectar aspectos concretos da realidade a cada conceito, por meio de imagens que fazem sentido para cada participante, o que permite ampliar cada conceito com base na realidade individual.

A abordagem envolve o processo de conexão entre imagens e vivências, permitindo a construção de itinerários de formação alternativos que auxiliem a autoformação e a quebra de estereótipos (Ferreira-Santos; Almeida, 2012, p. 142):

> A pedagogia da escola presume que só há uma forma de aprender. Seu itinerário é conhecido por todos que a frequenta(r)am e se resume a impor de modo metodológico um *corpus* de conhecimento tradicionalmente cristalizado ao longo da história.

A resultante de uma abordagem centrada na imagem permite a formação de uma base comum fundada na experiência histórica e social dos envolvidos no processo educacional.

4.2 A construção mediada do conceito

A mediação do processo de criação de conhecimento baseia-se no desdobramento da aquisição de conhecimento. O núcleo da estrutura é o roteiro de inquirição, formado por um conjunto de classes de imagens (figuras 38 e 39) que representarão os aspectos do conceito sob investigação. Esse aprendizado através da pesquisa pode ser organizado sob duas formas, (Lackovic, 2020b, p. 199): a pesquisa guiada e a pesquisa compartilhada.

4.2.1 A pesquisa guiada

A pesquisa guiada (Lackovic, 2020b, p. 112) consiste em um conjunto de atividades em que os estudantes "selecionam eles próprios os conjuntos de imagens que correspondem, segundo os seus entendimentos e experiências, à representação de um conceito definido. Essas imagens serão exploradas, elucidadas e interpretadas."

O objetivo do estudo, de acordo com a autora (Lackovic, 2020b, p. 193), consiste em tornar claro o processo direcionado pela tarefa de buscar uma imagem para representar um conceito abstrato, usando um mecanismo on-line de busca (Google Images Search). É investigada a forma como os estudantes conectam os conceitos abstratos com imagens e como e em que medida a atividade de busca e suas consequências podem suportar múltiplas ideias, reflexões e pensamentos críticos sobre os conceitos abordados.

A reconstrução metodológica do conceito é realizada por meio da exploração de aspectos significativos do conceito a ser pesquisado, que passam a ser reestruturados como uma rede de imagens significativas, diferente para cada busca realizada. A seleção não exaustiva dos aspectos do conceito fundamenta a construção de uma constelação de imagens relacionadas a cada conceito pesquisado.

A pesquisa guiada desenvolve-se, para a investigação de cada conceito, em um protocolo formado por uma pesquisa de imagens e uma entrevista semiestruturada, realizadas de forma sequencial e destinadas a formar a associação de imagens significativas para cada entrevistado. Cada imagem a ser buscada deve corresponder a categorias de aspectos do conceito (Figuras 28 e 29) e atender a questões conceituais e particularidades de conteúdo, em conformidade com especificações definidas (Lackovic, 2020b, p. 224–226):

- Imagem icônica:

  - Questão conceitual: como podemos expressar o significado convencional (estereótipo) do conceito?

  - Característica da imagem: uma imagem clássica, fortemente ligada à definição do conceito.

Exemplo de referência: em uma pesquisa sobre construtivismo foi utilizada uma imagem de alunos sem professores desenvolvendo o próprio aprendizado.

- Imagem contrastante:

  - Questão conceitual: o que se opõe ao significado do conceito?

  - Característica da imagem: uma imagem que incorpora a oposição ao conceito pesquisado.

Exemplo de referência: em uma pesquisa sobre **construtivismo** foi utilizada uma imagem de um professor utilizando o **quadro de giz** para representar o contraste.

- Imagem metafórica:

  - Questão conceitual: como posso pensar de forma metafórica sobre algum aspecto do conceito?

  - Característica da imagem: uma imagem não literal do conceito, da forma como um livro representa uma biblioteca.

Exemplo de referência: em uma pesquisa sobre construtivismo foi utilizada uma imagem de **andaimes** para representar a metáfora da construção.

- Imagem desafiadora (não convencional):
  - Questão conceitual: como posso desafiar as fronteiras do conceito?
  - Característica da imagem: uma imagem que mostre um aspecto pouco óbvio ou não usual.

Exemplo de referência: em uma pesquisa sobre construtivismo foi utilizada uma imagem de **dissecação de cadáver** em aula de anatomia para representar o desafio à percepção de que o construtivismo está presente na cena.

- Imagem derivada:
  - Questão conceitual: o que se segue à aplicação do conceito?
  - Característica da imagem: uma imagem que mostre o que pode acontecer como resultado da aplicação do conceito. Por exemplo: uma ação, reação, contexto, artefato.

Exemplo de referência: em uma pesquisa sobre construtivismo foi utilizada uma imagem de **uma molécula de DNA** para representar a derivação do conceito de construir.

- Imagem causa/pré-requisito:
  - Questão conceitual: que condições são pré-requisitos para a ocorrência do conceito?
  - Característica da imagem: uma imagem que mostre condições, ações ou artefatos necessários para que o conceito se realize.

Exemplo de referência: em uma pesquisa sobre construtivismo foi utilizada uma imagem de um **laboratório de pesquisa** para mostrar o que vem antes e é necessário.

- Imagem cotidiana/experiência pessoal:
  - Questão conceitual: é possível encontrar a aplicação do conceito no cotidiano?
  - Característica da imagem: uma imagem que mostre um contexto familiar que conecte a experiência pessoal com o conceito.

Exemplo de referência: em uma pesquisa sobre construtivismo foi utilizada uma imagem de um **jardineiro aplicando conhecimentos** para mostrar o construtivismo como prática do dia a dia.

- Imagem objeto ou foco:
  - Questão conceitual: existe um aspecto considerado focal no conceito?
  - Característica da imagem: uma imagem que mostre um objeto ou ingrediente fundamental do conceito, como uma ferramenta ou um equipamento componente.

Exemplo de referência: Em uma pesquisa sobre construtivismo foi utilizada uma imagem de uma **logo computacional** de uma marca para mostrar o foco do fazer direcionado pela tecnologia.

- Imagem contexto/ambiente:
  - Questão conceitual: como o conceito pode ser modificado em diferentes contextos?
  - Característica da imagem: uma imagem que lembre ou sugira possíveis configurações alternativas do conceito. Tais como: social, natural, trabalho, lazer ou outra configuração.

Exemplo de referência: em uma pesquisa sobre construtivismo foi utilizada uma imagem de crianças fazendo **montagens tridimensionais** que situam o conceito em ação.

- Imagem temporalizada:
  - Questão conceitual: como o conceito mudou ao longo do tempo?
  - Característica da imagem: uma imagem que mostre algo sobre uma possível evolução histórica do conceito.

Exemplo de referência: em uma pesquisa sobre construtivismo foi utilizada uma imagem de crianças interagindo com um **computador dos anos 80** mostrando o que já significou o conceito.

- Imagem cultural/identidade:
  - Questão conceitual: como o conceito se manifesta em diferentes configurações culturais?

- Característica da imagem: uma imagem que mostre que existem diferenças em contextos culturais, nacionais ou profissionais.

Exemplo de referência: em uma pesquisa sobre construtivismo foi utilizada uma imagem de interações entre **jovens ao ar livre** sem a mediação de professores/monitores.

Figura 38 – Guia de pesquisa (primeira parte)

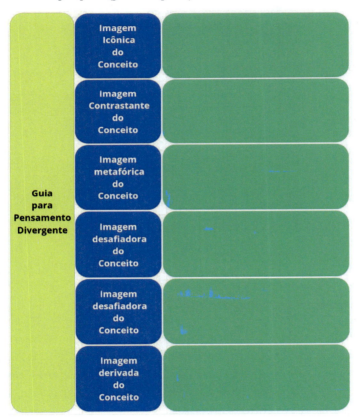

Fonte: o autor (2024)

O conjunto de imagens especificadas constitui categorias de aspectos do conceito que coexistem de forma explícita ou implícita e que permitem expandir o estereótipo inicial. O uso da pesquisa guiada permite que as diferenças de *background* entre respondentes neurotípicos e neuroatípicos sejam reduzidas e torna significativa a contribuição de qualquer participante.

Figura 39 – Guia de pesquisa (segunda parte)

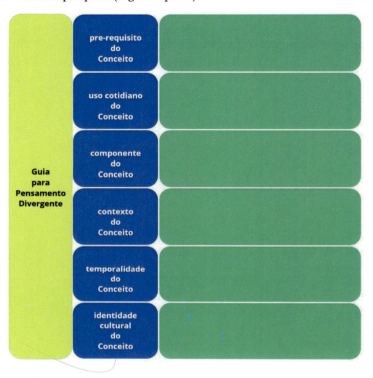

Fonte: o autor (2024)

4.2.2 A pesquisa compartilhada

O resultado da pesquisa guiada é a produção de repositórios de imagens significativas dos aspectos relevantes do conceito pesquisado, que pode ser pesquisada e compartilhada como fonte de elementos visuais integrados sob a forma de constelações imaginais. Essas constelações correspondem à forma como o imaginário reúne as imagens significativas. Esse processo cria um suporte comum para a produção do conhecimento integrado na vivência dos participantes do processo. Dessa forma, o pesquisador de imagem torna-se um ativo participante da construção do próprio conhecimento.

A forma das imagens que compõem o conceito-imagem é uma estrutura de pensamento compartilhado na forma de constelações que permitem a expansão do conceito originalmente abordado no processo de busca. Os mapeamentos possíveis permitem novas possibilidades de integração entre o pensamento analítico e o pensamento criativo (Lackovic, 2020b, p. 38):

> Um mapa de imagens e vídeos pode ser usado para inferir e desenvolver várias constelações relacionais, a fim de avançar um assunto específico ou desenvolver programas interdisciplinares de produção de conhecimento. Um mapa dessa natureza pode permitir uma visão de olho de pássaro sobre as conexões entre diferentes domínios, permitindo visões sistêmicas globais em subsistemas que contemplam micro práticas...(Knowles, 2014), os quais podem ser explorados de uma variedade de perspectivas disciplinares.

No contexto da presente pesquisa, a busca de imagens realizada por cada participante tomou como referência o conceito de INCLUSÃO. A cada imagem localizada pelo participante foi solicitado que este acrescentasse um comentário para esclarecer qual aspecto da imagem localizada representava o aspecto do conceito de INCLUSÃO, sob a perspectiva de cada uma das classes de imagem sugerida.

Figura 40 – Conceito-imagem

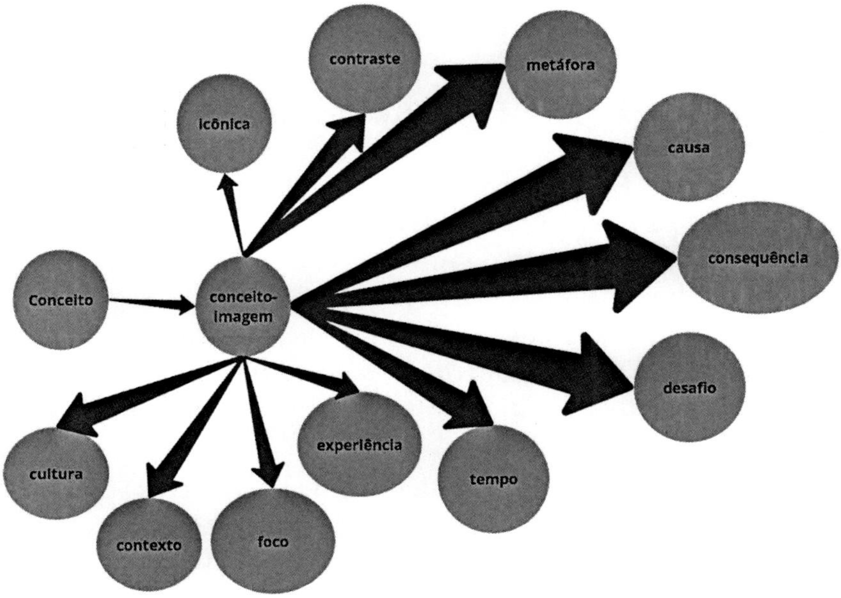

Fonte: o autor (2024)

O objeto-artefato (Figura 40) pode estruturar o design de um espaço on-line compartilhado e acessível a qualquer hora e de qualquer lugar, possibilitando a pesquisa invertida, em que o aluno busca o conceito--chave da disciplina ou acessa pesquisas anteriores para consolidar o próprio processo de aprendizagem. O compartilhamento torna-se universal e independente de plataforma, podendo criar suporte para atividades transdisciplinares e multiculturais.

As classes de imagem podem ser definidas pelo professor ou orientador da pesquisa ou pelo aluno em suas buscas pessoais em torno de aspectos de conhecimentos que precisam ser colocados em contexto ou atualizados.

A atividade criativa que emerge do processo de busca de imagens que fazem sentido na relação com as imagens internas do pesquisador--buscador é apresentada como algo similar à atividade do artista teorizada com escopo na escola de Bauhaus (Lackovic, 2020b, p. 171):

> Paul Klee ensinou que o artista era como uma árvore que 'suga os minerais da experiência a partir das suas raízes - coisas observadas, lidas, faladas e sentidas - e processando devagar transforma-as em novas folhas' (Tan, 2002). Esta é uma interessante metáfora, apontando para o núcleo da criatividade como um desafio gerador e transformador, onde a experiência sensório-motora é refinada e toma nova forma.

O protocolo de pesquisa sugerido inicia-se com uma apresentação da primeira associação entre o conceito pesquisado e a imagem trazida pelo respondente. Em seguida, inicia-se uma busca com a utilização das palavras-chave que recuperam as associações providas pelos algoritmos de pesquisa; por fim, é solicitado ao pesquisador que avalie como a seleção de imagens, para cada uma das classes definidas, altera a perspectiva da definição inicial. A estrutura semiótica da imagem-conceito é uma estrutura que pode receber uma variedade de suportes que universalizam os achados de cada atividade de compartilhamento de imagens.

Observamos, através dos tempos, que o suporte lítico permitiu que a técnica de gravura criasse microcosmos compartilhados, como as bibliotecas de Eshnunna e Babel, na Antiga Mesopotâmia; o suporte em papel permitiu os exemplos das bibliotecas do Cairo e de Alexandria, desde o Antigo Egito; o suporte audiovisual tem permitido a existência de uma quantidade extremamente alta de canais e de técnicas de compartilhamento, que utilizam tecnologias diversas como a realidade virtual e a realidade aumentada e criam uma variedade de aproximações à mediação educativa.

Em todos esses exemplos, o imaginário é projetado em imagens compartilhadas que atualizam as formas de socialização do conhecimento. Essas formas de projeção já se configuravam na arte rupestre pré-histórica, encontrada nos museus naturais da Serra da Capivara, no Brasil, ou nas grutas de Lascaux, na França, e Altamira, na Espanha. Veremos, nos capítulos seguintes, que as estruturas de sensibilidade do imaginário podem ser projetadas através de imagens sobre diferentes superfícies para registrar eventos significativos, e essas projeções podem ser analisadas de forma experimental, através do Teste Antropológico de Lugar (ATL9).

UMA CONSTRUÇÃO IMAGINÁRIA

5.1 Os reflexos do imaginário no pensamento metodológico em Design

A pesquisa em Design se apresenta, à primeira vista, afastada de qualquer influência de ordem imaginária, por ser um discurso baseado em conceitos e estruturado em unidades com coerência e consistência próprias. Contudo, a emergência de novas metodologias responde às configurações do imaginário em cada período. Por isso, é possível identificar nas transformações das metodologias vigentes em Design as respostas às transformações ocorridas no imaginário compartilhado em cada época.

O desenvolvimento de um pensamento metodológico para o ensino das disciplinas de Design surgiu, conforme Neves (2017), no contexto dos dois períodos entre as guerras mundiais: na Escola Bauhaus, em 1919, e na Escola de Ulm, em 1952. É possível verificar que elas exibem respostas diferentes às demandas iniciais por um método "científico" e "racional" para a nascente disciplina. Essas diferenças não dizem respeito apenas às descontinuidades do pensamento institucional, elas também respondem às transformações ocorridas no imaginário ocidental no período entreguerras.

No contexto da primeira geração de pesquisas por uma metodologia aplicável à disciplina foram realizadas as primeiras conferências internacionais, identificados os princípios ergonômicos aplicáveis ao Design e criadas as primeiras organizações padronizadoras, como o Council of Industrial Design – CoID (Neves, 2017), "com a missão de promover, através de todos os meios possíveis, a melhoria do projeto dos produtos industriais da Inglaterra".

A Escola Bauhaus direcionava o Design para a solução de problemas e consistia, segundo Jones (*apud* Neves, 2017), em uma rotina de arranjos e combinações destinada a "quebrar o problema em pedaços, reagrupá-los de uma maneira nova e testar para descobrir as consequências da aplicação prática do novo arranjo dos pedaços [...]"

Essa abordagem inicial, baseada no pensamento sistêmico, adotava metáforas relacionadas à clareza e à separação analíticas, fundadas em um imaginário heroico. A metáfora da separação analítica permeia o livro *Design Methods*, de Jones, no qual se propõe que o objeto do pensamento de Design é transformar a "caixa preta", dos problemas abordados, na "caixa de vidro", das soluções propostas.

Autores contemporâneos destacam que, apesar dos enormes ganhos criados pelos métodos projetuais bem definidos e pelos princípios gerais criados para a abordagem da resolução de problemas, existiam alguns aspectos relevantes, que não foram contemplados (Neves, 2017, p. 13):

> [...] os HSM [Hard System Methods] eram adequados para problemas já conhecidos e controlados, enquanto que o design freqüentemente tem de lidar com situações únicas, mal definidas e problemas que dependem de seu contexto – Wicked Problems."

A segunda geração de pesquisas, segundo Neves (2017), decorreu da incorporação dos fundamentos da Pesquisa Operacional e da Teoria Geral dos Sistemas. A nova direção, originada na Escola de Ulm, seguiu um distanciamento sistemático das práticas artesanais e artísticas, que foram exploradas pela Escola Bauhaus. A abordagem metodológica de Leonard Archer é paradigmática dos novos direcionamentos que a pesquisa em Design assumiu em Ulm, ao longo dos anos 1960. A mudança na metodologia direcionou-se para o uso alternado de métodos, seja com o uso da técnica analítica e *hard* da Engenharia seja com o uso da técnica criativa e *soft* do Design Industrial.

O modo de articular um conjunto de fases sucessivas da atividade projetual foi discutido por Archer (*apud* Neves, 2017), no livro *Systematic Method for Designers*, no qual o processo de resolução de problemas é apresentado como "um 'sanduíche criativo', onde as bordas dos objetivos e análises sistemáticas poderiam ser maiores ou menores, mas o ato criativo sempre estaria no meio". Uma imagem arquetípica relacionada com o imaginário místico e o *scheme* digestivo da teoria geral do imaginário.

As transformações propostas no modelo de Archer iniciam, segundo Neves (2017):

> [...] o processo de distanciamento dos modelos mais matemáticos elaborados até então. Apesar de ser um modelo guiado pela Pesquisa Operacional (PO) e conter os traços

behavioristas dos métodos de primeira geração (ROWE, 1991), está mais voltado aos estágios criativos que outros métodos contemporâneos.

Essa transformação corresponde a uma mudança do idealismo associado ao imaginário heroico em direção a um táteis e cinestésicos do imaginário místicos.

Dois desenvolvimentos paralelos trouxeram explorações metodológicas que conectam as novas metodologias à estrutura de sensibilidades do imaginário místico: a abordagem moderna de Burdek e a abordagem pós-moderna de Donald Norman.

A contribuição de Burdek (Neves, 2017) propôs uma metodologia que incorporou aspectos ausentes nas metodologias anteriores, tais como: processos regulares, realimentações entre as fases projetuais, não-linearidade e uso da indução. Burdek introduz flexibilidade e reversibilidade em substituição à rigidez das metodologias heroicas propostas anteriormente, com base no Desenho Industrial e nas Engenharias. A reversibilidade e a realimentação, que corresponde a uma atualização do passado em novas conexões do imaginário dramático.

Por fim, as contribuições de Donald Norman relacionam-se a uma nova abordagem estruturada em paradigma do imaginário místico, através de um mergulho nos símbolos e arquétipos da intimidade. Norman abordou, no livro *Design emocional*, o aspecto projetual relacionado à capacidade de atração e repulsão que o design dos objetos pode provocar àqueles que são expostos a ele e, em um segundo momento, no livro *Living with complexity*, discutiu diferentes atravessamentos entre o mundo físico e o mundo digital, realizados por usuários afetados pela complexidade do mundo em transformação. A investigação de Norman estrutura a metáfora da intimidade compartilhada na imagem de um "modelo mental", a ser comunicado e atualizado na conexão entre os indivíduos.

Essas diferentes abordagens articulam metáforas poderosas que integram a linguagem e as imagens em um fazer. Esse fazer, organizado em torno de metodologias, produz o sentido a partir das imagens que são mobilizadas no imaginário que as sustenta.

Na presente pesquisa, as três diferentes interações com alunos neurodivergentes foram desenvolvidas por meio do método minietnográfico de *Design Anthropology* e da semiótica educacional, para criar um entendimento das ações educacionais possíveis e apoiar o desenho de processos educacionais inclusivos e integrados. O apoio da Teoria Geral do Imaginário foi utilizado para fundamentar uma prática de intervenção no processo de aprendizado de conceitos fundamentais da formação em Design.

A metáfora da transparência, desenvolvida em Jones, está presente e sinaliza a necessidade de explicitar as interações envolvidas entre o estudante neurodivergente e o imaginário da instituição educacional. Nesse sentido, o processo será mediado pelo Teste Antropológico (AT9), que permitirá identificar qual o tipo de imaginário está sendo afetado e em que intensidade. Diferentemente, contudo, consideramos que o afastamento da intuição e das imagens íntimas, que constituem as subjetividades envolvidas, não produziria um caminho frutífero. Optamos, pelo contrário, em seguir a direção inversa e partir das imagens íntimas para chegar a consensos públicos.

A etapa intermediária consistiu em utilizar o suporte da ferramenta semiótica, designada Inquiridor Gráfico, para realizar buscas em torno do conceito de inclusão, relacionadas a diferentes características do conceito. O resultado foi a construção de um artefato de compartilhamento de imagens associadas, a imagem-conceito, que comporta diferentes aspectos do conceito abstrato relacionado a diferentes aspectos concretos da realidade dos participantes. Esse método é nivelador das diferenças entre os participantes e permite que o participante com autismo esteja em condições de igualdade com usuários neurotípicos.

A etapa final consistiu em estimular cada participante a utilizar os arquétipos do Teste Antropológico de Lugar e distribuí-los no espaço da instituição de ensino, com justificativas para a alocação de cada arquétipo em cada parte da instituição. A sinalização arquetípica do espaço produz uma imagem que corresponde a uma "arquitetura sensível", que se baseia nos afetos que conectam os momentos de interação no interior do espaço.

Em seguida, as imagens associadas no conceito-imagem do Inquiridor Gráfico Semiótico foram distribuídas no espaço institucional, anteriormente demarcado com os arquétipos, permitindo sinalizar o espaço de vivência com marcadores dos diferentes aspectos imagéticos da inclusão. O resultado é a mudança da sensibilidade do participante da pesquisa ao grau de inclusão do espaço, sob a perspectiva da sensibilidade do espaço imaginário compartilhado.

O resultado das etapas sucessivas e relacionadas é a percepção da sensibilidade do participante ao ambiente e uma compreensão do conceito que ultrapassa a memorização de propriedades e descrições, por intermédio de um estímulo à imaginação simbólica.

Essa nova sensibilidade permite que se perceba de modo concreto os efeitos das forças da colonialidade presentes nas sociedades pós-coloniais e apoia a identificação dos aspectos persistentes dessa colonialidade na prática epistêmica, que pode promover o apagamento continuado das raízes culturais nativas e o desenraizamento dos valores da realidade vivida. A esse respeito, a antropóloga argentina Rita Segato (2021) considera que a aprendizagem nas sociedades pós-coloniais apresenta um viés de subordinação presente nas referências culturais e na importação de valores e pontua que somente em quatro momentos o saber produzido nessas sociedades dialoga em igualdade de condições com o saber dos centros de poder: na teologia da libertação, na teoria da dependência, na pedagogia do oprimido e na teoria da decolonialidade. A autora identifica que somente nos momentos em que os nativos olham para si e para o entorno conseguem produzir saberes enraizados e potentes.

Ao longo do processo de pesquisa procura-se identificar os elementos de um senso comum compartilhado pelos frequentadores do espaço institucional, e que está imerso no inconsciente coletivo que, segundo a perspectiva desenvolvida por Jung (1980), apresenta-se na forma de arquétipos que constituem a estrutura profunda do inconsciente pessoal. A leitura contemporânea ratifica essa fundamentação e identifica a presença dos arquétipos do inconsciente coletivo nas estruturas compartilhadas do senso-comum, que se apresenta ao processo de ensino-aprendizagem (Maffesoli, 2001, p. 161):

> De um modo fenomenológico ou compreensivo, talvez se deva considerar o senso-comum não como um momento a ultrapassar, não como um 'pré-texto' que prefigura o texto verdadeiro que pode ser escrito sobre o social, mas como algo que tem sua validade em si, como uma maneira de ser e de pensar que basta a si própria e que não carece, quanto a isso, de nenhum mundo preconcebido, fosse qual fosse, que lhe desse sentido e respeitabilidade.

Aplicamos na presente pesquisa o sentido proposto por Maffesoli para o senso comum, como aquilo que não deve ser descartado pela aquisição dos conceitos. O senso comum é aquilo que faz os conceitos adquirirem sentido. Dessa forma, é importante compreender como o senso comum compartilhado assimila os conceitos aprendidos. Maffesoli (2001, p. 165) aponta a conexão entre o senso comum e os aspectos inconscientes compartilhados: "o arquétipo tal como é compreendido por Jung, em psicologia, ou G. Durand, em antropologia, outra coisa não é do que um senso comum que funda a dinâmica de toda a socialidade."

5.2 O método etnográfico em *Design Anthropology*

Apoiamos esta pesquisa nas propostas elaboradas pela área de *Design Anthropology* que, segundo Wasson e Metcalf (2013), está relacionada à emergência de uma comunidade de práticas voltadas à pesquisa qualitativa. Na configuração da disciplina confluíram o Design e a Antropologia, e o foco do novo campo direcionou os métodos da Etnografia aos processos específicos de investigação em Design.

Nesse contexto, os procedimentos da pesquisa etnográfica voltavam-se para o aprendizado das práticas diárias, das significações e das formas de sociabilidade desenvolvidas pelos usuários e potenciais usuários dos produtos a serem desenvolvidos. Nesses casos, os designers envolvidos no desenvolvimento dos produtos, recebiam os resultados da pesquisa etnográfica e os utilizavam no desenvolvimento de ideias relacionadas às experiências dos usuários visados (Wasson, 2013, p. 236).

Conforme Gunn e Donovan (2012, p. 132), "a ideia que sustentava a investigação era de que os relacionamentos significativos emergiriam das relações observadas entre as pessoas, as coisas e os ambientes nas atividades cotidianas, e o uso sustentaria a produção do design.". Nesse sentido, de acordo com os autores, essa abordagem desafiou a ideia do designer como criador de objetos e sustentou a concepção do usuário como produtor, retirando-o da passividade do consumidor de objetos acabados, permitindo a aplicação do método etnográfico às formas de coparticipação em Design.

As transformações da disciplina acompanharam, segundo Otto e Smith (2013), as mudanças de paradigmas ocorridas na área da antropologia e os desenvolvimentos trazidos pelas experimentações que criaram os métodos, conceitos e orientações de desenvolvimento da disciplina emergente.

A aplicação da Etnografia à pesquisa em design educacional apresenta desafios que permitem a transformação no modo de realizar pesquisa qualitativa e fez emergir novas questões e tecnologias, resultantes das restrições de tempo e custo trazidos pelos novos desafios da pesquisa moderna (Bayeck, 2023, p. 2):

> Essas abordagens podem endereçar as questões do pesquisador interessado no entendimento da cultura da população sob investigação e com restrições relacionadas ao tempo e custo da pesquisa. A revisão das novas abordagens, tais como, o **estudo etnográfico de caso**, a **microetnografia** e o **estudo mini-etnográfico de caso**, se constituem como passos em direção à acessibilidade desses métodos para os pesquisadores, em particular aqueles com limitações de tempo e recursos.

A autora indica que os usos das novas abordagens da Etnografia em *Design Anthropology* podem apoiar a resolução das restrições citadas, através da associação entre o método etnográfico clássico e o método de estudo de caso (Bayeck, 2023, p. 2):

a. O método de **estudo de caso etnográfico** (Bayeck, 2023, p. 2), combina duas abordagens com a finalidade de reduzir os pontos fracos de cada uma delas, a etnografia e o estudo de caso. A etnografia, pontua a autora, "é o estudo dos grupos ou comunidades de pessoas por um longo período de tempo em seu ambiente natural e em seu cotidiano (Cote-Boleau *et al.*, 2020)." Bayeck (2023, p. 2) acompanha as considerações de Hallett e Barber (2014) "que insistem em que a Etnografia é o estudo das relações entre as pessoas e os ambientes", considerando importante observar o uso das técnicas de coleta de dados como a observação, os diários de pesquisa e as entrevistas (Hammersley, 2018).

Para Bayeck (2023, p. 2), esses estudos

> [...] apresentam a característica de que o pesquisador pode direcionar o foco para um ou múltiplos locais ou casos. O tempo necessário para a realização permanece longo, mas está centrado em um evento ou fenômeno claramente identificável, na perspectiva de um indivíduo, grupo de indivíduos ou uma comunidade.

A autora refere-se à pesquisa desenvolvida com a prática de ensino de três professores de tecnologia em uma escola (Angers; Machtmes, 2005) e o estudo sobre as técnicas desenvolvidas por agricultores da

Namíbia (Schwieger, 2022) para identificar e antecipar a emergência da desertificação como exemplos de aplicação do método de estudo de caso etnográfico ao estudo de pequenos grupos.

b. O método de **microetnografia**, indica Bayeck (2023, p. 2) "é uma abordagem, também designada como etnografía focada (Erickson, 1977), etnografía constitutiva (Mehan, 1978), video ethnography (LeBaron, 2006) e micro análise em etnografia (Erickson, 1977)", e se constitui em "uma análise de 'pequenos' momentos em vídeos gravados de atividades humanas na forma como ocorrem (LeBaron, 2006)."

A autora indica que é a análise momento a momento das interações gravadas em vídeo e ocorridas em uma configuração específica entre indivíduos ou grupos de pessoas que torna a microetnografia diferente e única. Ela acrescenta que a análise através dos dados audiovisuais tem o objetivo de acessar a grande imagem do problema na sociedade ou na organização. Destaca, contudo, que essa técnica pode ser combinada com entrevistas e observações para completar a imagem do fenômeno sob estudo. E pontua que o pesquisador, como na etnografia, permanece um instrumento de coleta de dados sob a forma de investigador participante na pesquisa de campo.

A autora refere-se à pesquisa sobre o uso situacional da linguagem proverbial na corte de Gana (Asare, 2020), cuja coleta de dados envolveu observação participante, entrevistas e gravações em áudio e vídeo de eventos e reuniões, coletados durante 18 meses e complementados pela análise de dados visuais para o estudo das linguagens verbal e não verbal, em relação às ações dos participantes. A autora arremata com a pesquisa de Nolbeck (Nolbeck *et al. apud* Bayeck, 2022, p. 3) sobre a vida social e as interações de jovens com problemas psicossociais, realizada por meio da análise de 60 horas de vídeo, complementadas por entrevistas e observações.

c. O método de **estudo de caso minietnográfico,** indica Bayeck (2023, p. 3), é uma outra abordagem qualitativa originada da etnografia e que pode conduzir ao estudo de caso etnográfico ou à microetnografia, também conhecida como etnografia focada por causa do estreitamento da investigação de um fenômeno, como a comunicação entre um paciente e um médico (Kelly, 2022; Fuchs *et al.*, 2017).

A autora acentua que, ainda que o pesquisador permaneça em busca do entendimento sobre as normas culturais e os valores que direcionam o comportamento e a ações das pessoas, a pesquisa conduzida através do estudo de caso minietnográfico necessita de menos tempo no campo, e a coleta de dado pode ser realizada em duas ou três semanas (Fuchs *et al.*, 2017; White, 2009). E acrescenta: "considerando o pouco tempo necessário para conduzir o estudo de caso de minietnografia e o foco em poucos participantes, essa abordagem é apropriada para qualquer pesquisador com limitação de tempo e/ou recursos" (Bayeck, 2023, p. 4).

A autora cita o estudo de minietnografia com produtores de café na Guatemala desenvolvido por Dooley (*apud* Bayeck, 2023, p. 4) sobre os modos de configuração do capital social nas comunidades, com vistas a produzir o design cooperativo de novos modos de interação, para o aumento da produtividade nas cooperativas. Fuchs *et al.* (2017) destaca que os estudos de minietnografia são prevalentes em pesquisas na área médica, bem como nos estudos de marketing, que geralmente demandam menos tempo que uma pesquisa etnográfica em larga escala (White, 2009), e operam em quadros de tempo que variam entre semanas (Alfonso *et al.*, 2012 *apud* Bayeck, 2023), e menos de um ano (Robillard, 2010; Sandall, 2010; Yang *et al.*, 2011 *apud* Bayeck, 2023).

O estudo de caso etnográfico, sob a forma de estudo de minietnografia aplicado ao Design, necessita estar atento a três tipos de restrições técnicas presentes em toda pesquisa, de acordo com Fuchs *et al.* (2017): o tipo especial de imersão demandado pela restrição de tempo, a quantidade obrigatoriamente reduzida dos participantes e a necessidade de transferibilidade dos resultados obtidos.

Entende-se que o uso da teoria antropológica do imaginário para estruturar as inquirições, desenvolvidas no processo de *Design Anthropology*, permite introduzir uma estruturação nas entrevistas desenvolvidas entre os participantes, a fim de elaborar os processos de imersão no imaginário a serem desenvolvidos na metodologia de pesquisa.

5.3 O desenho da pesquisa

A presente pesquisa fundamentou-se no estudo das estruturas de sensibilidade do imaginário como suporte ao desenvolvimento de um método de pesquisa aplicável ao ensino de conceitos de design a alunos com Transtorno do Espectro Autista em turmas de graduação em Design.

Considerou-se que o imaginário do aluno com Transtorno do Espectro Autista (TEA) reflete o grau de conforto ou desconforto do aluno em relação à adequação do processo de aprendizagem ao qual encontra-se conectado e pode ser inferido a partir do Teste Antropológico de Nove Elementos (AT9).

Definiu-se como objetivo geral da pesquisa a identificação das formas do imaginário dos alunos com Transtorno do Espectro Autista que, em diferentes períodos de formação, entram em contato com as metodologias de Design durante a graduação, a fim de permitir o desenho de processos de aprendizagem mais inclusivos.

Buscou-se atingir o objetivo geral por meio dos seguintes objetivo específicos:

a. Identificar as formas predominantes dos microuniversos imaginários dos alunos com TEA e professores em interação no curso de formação em Design;

b. Compreender como o uso da pesquisa com imagens interage com o imaginário dos alunos e possibilita um método inclusivo e universal para a pesquisa de conceitos;

c. Aplicar um processo de pesquisa com imagens ao entendimento da interação dos alunos nos espaços de ensino-aprendizagem na formação em Design.

A pesquisa se justifica pela necessidade humana fundamental de uma educação inclusiva, equitativa e de qualidade, e pela necessidade de contornar os dois vieses cognitivos fundamentais que as pesquisas desenvolvidas sobre a inclusão de pessoas com Transtorno do Espectro Autista têm apresentado:

a. As pesquisas são focadas nas restrições e impossibilidades que as formas da neurodivergência determinam à aprendizagem; e

b. Procuram identificar padrões de acessibilidade aplicáveis aos ambientes em que as pessoas com neurodivergência realizam interações.

A pesquisa se propõe a investigar o modo como uma metodologia de pesquisa com imagens pode ser utilizada para dar suporte ao ensino de conceitos de Design aos alunos com Transtorno do Espectro Autista

(TEA) que frequentam do curso de graduação em Design em uma Instituição de Ensino Superior e obter subsídios para o desenvolvimento de processos de educação mais inclusivos.

Utilizou-se a metodologia de pesquisa-ação como forma de interação com os envolvidos. A pesquisa-ação é um tipo de pesquisa social com base empírica que é concebida e realizada em estreita associação com uma ação ou com a resolução de um problema coletivo e na qual os pesquisadores e os participantes representativos da situação ou do problema estão envolvidos de modo cooperativo ou participativo (Thiollent, 1997).

A disciplina de *Design Anthropology* (Wasson; Metcalf, 2013) é apoiada na antropologia do imaginário, de Gilbert Durand (1997), e no método de investigação experimental do imaginário, proposto por Yves Durand (2005). A antropologia do imaginário possibilitou os recursos para a investigação do imaginário individual, a exploração da função simbólica no interior dos processos de aprendizagem e a identificação dos suportes do imaginário que organizam a imaginação simbólica.

A Semiótica Educacional, através da ferramenta de pesquisa denominada Inquiridor Gráfico Semiótico (IG), desenvolvida por Natasa Lackovic (2020b), foi aplicada como forma de estabelecer um processo universal e inclusivo para a pesquisa de conceitos que seja capaz de contornar as restrições ao ensino de conceitos abstratos para pessoas neurodiversas.

Os dados necessários para a realização da pesquisa foram coletados em três iterações consecutivas (Figura 30):

Primeira iteração – presencial, realizada através de entrevistas estruturadas para aplicação do teste AT9;

Segunda iteração – on-line, realizada por meio da plataforma Zoom, com data e hora agendados previamente com o voluntário, para a aplicação da pesquisa com a ferramenta semiótica Inquiridor Gráfico;

Terceira iteração – on-line, realizada por meio da plataforma Zoom, com data e hora agendados previamente com o voluntário, para a aplicação da variante do teste antropológico, chamada Teste Antropológico de Lugar (ATL9), para verificar o nível de inclusão e os pontos de tensão existentes no ambiente de ensino-aprendizagem, sob a perspectiva do voluntário-respondente.

Na primeira iteração com os voluntários aconteceu a entrevista estruturada com o uso do teste AT9, realizado sem limite de tempo, para que os voluntários neurodivergentes pudessem realizar as três atividades: o desenho, a narração sobre o desenho realizado e o preenchimento do quadro sintético sobre o simbolismo utilizado. Foi utilizada como questão indireta para a elaboração do desenho, na primeira atividade do protocolo, a seguinte pergunta estímulo: "Que situação ou dificuldade cotidiana, vivida por alguém que você conheça, pode motivar ao desligamento do processo de aprendizagem do Curso de Design?"

- Cada voluntário construiu um desenho incluindo os nove elementos simbólicos (Monstro Devorador, Queda, Personagem, Espada, Elemento Cíclico, Refúgio, Água, Fogo e Animal);
- Cada voluntário realizou uma narrativa sobre a cena construída;
- Cada voluntário preencheu a tabela com as imagens e o simbolismo utilizado.

A pergunta indireta destina-se a evitar que o respondente se utilize de mecanismos psicológicos de defesa em relação a questionamentos pessoais.

Na segunda iteração foi realizada a pesquisa on-line, com o uso do Inquiridor Gráfico Semiótico (IG), realizando a busca sobre o conceito INCLUSÃO, para que os participantes pudessem identificar as relações existentes entre as imagens pessoais e as imagens compartilhadas na internet.

- Cada voluntário pesquisou uma definição on-line do conceito INCLUSÃO;
- Cada voluntário procurou uma imagem on-line que correspondesse da melhor forma possível ao conceito selecionado;
- Cada voluntário procurou uma imagem para cada um dos aspectos complementares do conceito pesquisado, buscando imagens com os seguintes atributos em relação a INCLUSÃO: CONTRASTE, METÁFORA, DESAFIO, CONSEQUÊNCIA, CAUSA, EXPERIÊNCIA PESSOAL, FOCO, CONTEXTO, TEMPO e CULTURA.
- Cada voluntário acrescentou um comentário em cada imagem, identificando o aspecto que se relacionava com o conceito pesquisado;

- Cada voluntário comparou as percepções do conceito de INCLU-SÃO, após o percurso de pesquisa com as imagens;
- Cada voluntário pôde identificar cenários de aplicação da pesquisa com imagens nas disciplinas em que havia encontrado dificuldade com a operação dos conceitos.

Na terceira iteração foi realizada a pesquisa on-line, a aplicação do Teste Antropológico de Lugar (AtL), no qual se realizou uma sequência de atividades destinadas a recuperar a relação entre os voluntários e os espaços de ensino-aprendizagem:

- Cada voluntário realizou um desenho sensível da própria casa, no qual os espaços foram representados por círculos e as conexões foram representadas por traços. As áreas mais visitadas foram conectadas por traços mais intensos;
- Cada voluntário realizou um desenho sensível do espaço do local de estudo utilizando o mesmo critério definido para o espaço pessoal;
- Cada voluntário distribuiu os nove arquétipos do Teste Antropológico (Monstro Devorador, Queda, Personagem, Espada, Elemento Cíclico, Refúgio, Água, Fogo e Animal) nos espaços do local de estudo, anotando um comentário sobre o motivo para a localização do arquétipo no local onde foi colocado;
- Cada voluntário trouxe imagens significativas do artefato de compartilhamento do Inquiridor Gráfico para o local do ambiente de estudo em que ele julgava que pudesse encontrar uma situação semelhante àquela do aspecto selecionado.

Figura 41 – Estrutura da pesquisa

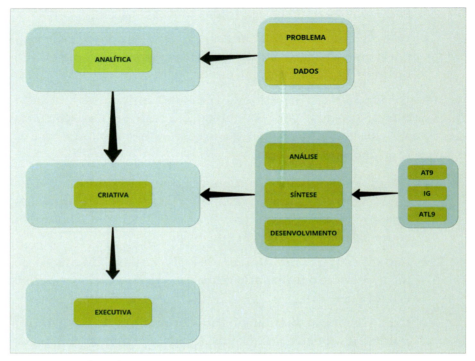

Fonte: o autor (2024)

A dinâmica desenvolvida permitiu a elaboração de um mapeamento sensível do espaço compartilhado para ensino-aprendizagem e a identificação dos desafios de confronto ou das necessidades de refúgio com as quais os voluntários se confrontavam, enquanto pessoas neurodivergentes no contexto do cotidiano de aprendizagem.

O problema complexo a ser articulado por essa pesquisa é encontrar uma maneira inclusiva e viável para o ensino de conceitos abstratos para pessoas com Transtorno do Espectro Autista, considerando que a literatura fundamentada nas ciências da saúde aponta duas dificuldades fundamentais aos processos de ensino-aprendizagem de pessoas com TEA: a rigidez de pensamento das pessoas com autismo e a dificuldade dessas pessoas em estabelecerem relações sociais. Não desconsideramos as abordagens estabelecidas, mas definimos um caminho alternativo, cujo resultado será discutido no capítulo seguinte.

Do ponto de vista da construção metodológica (Figura 41), o Design foi aplicado à pesquisa das relações complexas existentes entre os ambientes de estudo e as práticas de ensino-aprendizagem desenvolvidas. Não havia um produto a ser modificado ou um processo específico a ser modelado. O suporte da teoria fundamentou a interação com os envolvidos e com os ambientes.

Procuramos elaborar uma intervenção de Design em um sistema complexo, que envolve ao menos três fases (Neves, 2017): uma fase analítica, uma fase criativa e uma fase executiva. A fase analítica procurou identificar as articulações entre as instâncias constitutivas das subjetividades em construção no processo de ensino-aprendizagem, quais sejam: a percepção, a cognição e a sensação; a fase criativa envolveu a utilização do conhecimento produzido em cada interação como ponto de partida para a interação subsequente; a fase executiva do projeto de intervenção foi produzida pela passagem sucessiva de cada um dos participantes através das trilhas abertas pela exploração inicial.

As exigências éticas de proteção dos dados pessoais foram atendidas e o protocolo de pesquisa foi aprovado e liberado para a coleta dos dados. Em conformidade com as instruções do Sistema do Comitê de Ética em Pesquisa e da Comissão Nacional de Ética em Pesquisa – CEP/CONEP, ficou estabelecido que, ao término desta pesquisa, o pesquisador tem o dever e a responsabilidade de garantir uma devolutiva acessível e compreensível acerca dos resultados encontrados por meio da coleta de dados a todos os voluntários que participaram do estudo, uma vez que eles têm o direito de tomar conhecimento sobre a aplicabilidade e o desfecho da pesquisa da qual participaram.

6

ANÁLISE DOS DADOS E DISCUSSÃO DOS RESULTADOS

A persistência das estruturas do imaginário, por intermédio dos simbolismos presentes na comunicação (verbal, escrita e gestual) e na relação dos indivíduos com os espaços de convivência, pode ser identificada nos microuniversos míticos criados pelos respondentes do protocolo de pesquisa. O simbolismo persiste no modo como os indivíduos constituem suas identidades, através da construção do trajeto antropológico entre os polos da cultura e da subjetividade.

6.1 Os protocolos de entrevista – contexto

Não existe uma bibliografia de referência a respeito das estruturas de sensibilidade dos alunos neurotípicos iniciantes em turma de graduação em Design que possa ser utilizada como termo de referência para a avaliação do desenvolvimento para produzir comparação com os alunos neurodivergentes. Essa lacuna foi preenchida na presente pesquisa por intermédio de uma investigação desenvolvida em uma turma de mestrado em Design com vistas a apresentar, ao menos, as estruturas de sensibilidade predominantes e as fontes de inspiração dos respondentes dos protocolos de pesquisa com o Teste Antropológico AT9.

Figura 42 – Imaginário de designers

ESTRUTURAS DO IMAGINÁRIO		
ENTREVISTADO	FEMININO	MASCULINO
PROTOCOLO Nº 1		MÍSTICO
PROTOCOLO Nº 2		HEROICO
PROTOCOLO Nº 3	HEROICO	
PROTOCOLO Nº 4	HEROICO	
PROTOCOLO Nº 5		MÍSTICO
PROTOCOLO Nº 6		DRAMÁTICO
PROTOCOLO Nº 7	HEROICO	
PROTOCOLO Nº 8		DRAMÁTICO
PROTOCOLO Nº 9	DRAMÁTICO	
PROTOCOLO Nº 10		MÍSTICO
PROTOCOLO Nº 11	HEROICO	
PROTOCOLO Nº 12	MÍSTICO	

Fonte: o autor (2024)

A investigação foi utilizada como um protótipo da pesquisa a ser desenvolvida com os alunos neurodivergentes e apresenta o resultado da aplicação do Teste AT9 em nove alunos e três professores. A característica mais relevante observável no pensamento maduro em Design é a inversão do gênero do imaginário (Figura 42): nos designers apresenta-se um imaginário feminino (místico e dramático) e nas designers apresenta-se um imaginário predominantemente masculino (heroico).

Figura 43 – Imaginário dos professores de Design

ESTRUTURAS DO IMAGINÁRIO		
ENTREVISTADO	FEMININO	MASCULINO
PROTOCOLO Nº 8		DRAMÁTICO
PROTOCOLO Nº 10		MÍSTICO
PROTOCOLO Nº 12	MÍSTICO	

Fonte: o autor (2024)

A tendência à predominância do imaginário místico ou dramático (Figura 43) entre os designers é mantida, mesmo se forem considerados apenas os professores. Uma investigação de escopo mais amplo pode identificar o modo como a tendência varia, à medida que o volume de pesquisados aumenta. Os dados são importantes para acompanhar o amadurecimento dos recém-egressos no campo do Design.

As fontes de influência dos professores (Figura 44), obtidas no protocolo de pesquisa AT9, indicam uma homogeneidade que acentua a presença da indústria de entretenimento e das fontes mais antigas da cultura ocidental. As produções da indústria cultural e do entretenimento nas redes de streaming, com destaque para as super produções recentes, tais como: *O Senhor dos Anéis* e *Rei Arthur*. A aproximação mais recente da indústria cultural na produção de um imaginário pós-moderno é a presença da referência ao jogo eletrônico, *Ori and the Blind Forest* (2020).

Figura 44 – Influências dos professores de Design

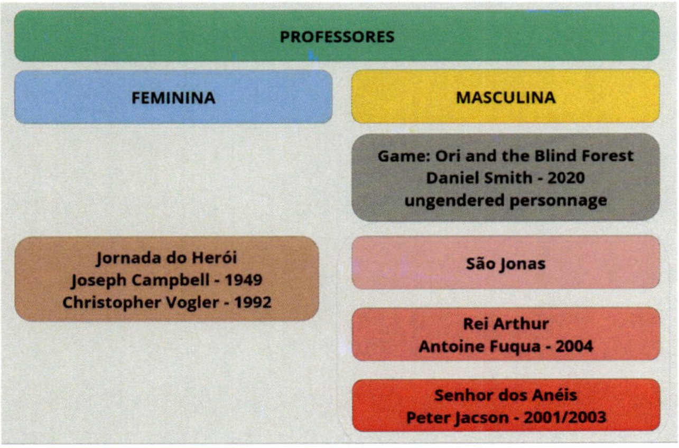

Fonte: o autor (2024)

A influência entre os alunos de Design de nível superior (Figura 45), aferida na verificação dos alunos de mestrado, apresenta uma maior diversidade em termos de fonte de influência e incorpora fontes do folclore e cenas da vida cotidiana, mas a influência da indústria cultural é forte e persistente. Um segundo aspecto relevante observado é a presença de influência da cultura asiática, manifestada sob a forma do consumo de mangás adaptados através de produções audiovisuais dos animês.

Figura 45 – Influências dos alunos de Design (mestrado)

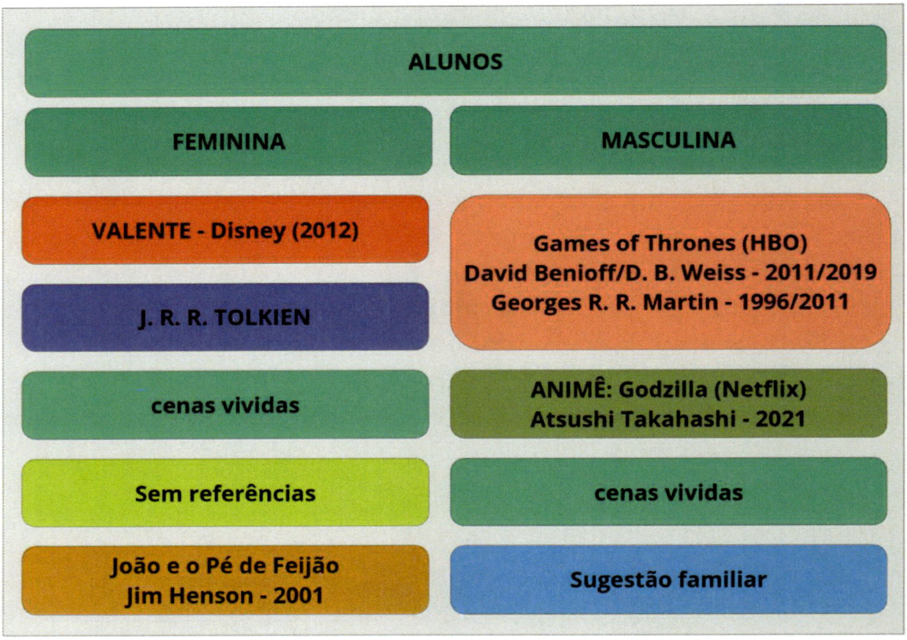

Fonte: o autor (2024)

6.1.1 Protocolo de pesquisa número 1 - Teste AT9 (aluna)

Estudante, 19 anos, gênero não-binário, cor branca, cursando o terceiro período de Design. Apresenta Transtorno do Espectro Autista, com nível 1 de suporte.

Realizou o Teste AT9 em um tempo de 38 minutos, sendo o tempo de realização compatível com o tempo de referência para realização da atividade, que é de 30 minutos.

1. Compor um desenho com os seguintes elementos: uma queda, uma espada, um refúgio, um monstro devorador, algo cíclico (que gire, produz, que progride), um personagem, água, um animal (ave, réptil, mamífero) e fogo.

Figura 46 – Protocolo de pesquisa número 1

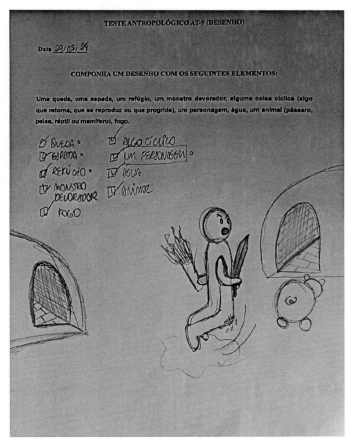

Fonte: protocolo de pesquisa (2024)

2. Explique o seu desenho:

"Um homem monstruoso escorrega e cai com uma espada e uma tocha na mão enquanto persegue um porco que busca um refúgio, que, tristemente, é cíclico."

3. Responda de modo preciso às seguintes questões:

a. Sobre que ideia você centrou a sua composição?

R - "A ideia central era representar o homem como monstro. Houve hesitação quanto ao animal, monstro e fogo".

b. Você foi eventualmente inspirado? Através de que (leitura, filme)?

R - "Não".

c. Entre os nove elementos do texto de sua composição, indique:

1. Os elementos essenciais em torno dos quais você construiu o desenho:

R - "Personagem, refúgio e 'monstruoso'".

2. Os elementos que você teria vontade de eliminar, por quê?

R - "Não eliminaria nada".

d. Como acaba a cena que você imaginou?

R - "Com o eterno *looping* da perseguição".

e. Se você tivesse que participar da cena, onde você estaria? O que você faria?

R - Eu seria o refúgio observando a perseguição.

Na análise do protocolo (Figura 46) é necessário identificar a correlação entre os três elementos fundamentais (espada, refúgio e elemento cíclico), a fim de identificar o elemento definidor da estrutura de sensibilidade do imaginário. Yves Durand (2005) identificou na presença do triângulo simbólico (personagem, espada e monstro) o núcleo de uma estrutura de sensibilidade heroica.

"Um **homem monstruoso** escorrega e cai **com uma espada** e uma tocha na mão enquanto persegue **um porco...**"

Observa-se, na figuração e na narrativa, a presença da triangulação simbólica (personagem, espada e monstro) que define a estrutura de sensibilidade heroica em protocolos AT9. Nesta composição é possível identificar a centralidade do arquétipo do monstro.

Yves Durand (2005, p. 166, grifo do autor) pontua que o indicador de coerência expressiva na composição, e da atitude a ser comunicada pela mensagem simbólica do protocolo AT9, reside na *"figuração de um ator central (normalmente o personagem, mas algumas vezes o monstro) realizando um gesto em conformidade com o motivo temático indicado na narrativa..."*.

"Um homem monstruoso escorrega e cai com uma espada e uma tocha na mão enquanto persegue um porco..."

A ação figurada no protocolo instaura o monstro como o ator principal e define a perseguição como o gesto temático organizador. A estrutura do protocolo de pesquisa permite situar o quadro apresentado no contexto de um "cineminha da imaginação", em que a cena exibida se conecta com cenas anteriores e posteriores. Yves Durand (2005) insere os dois elementos na estrutura do teste para relacionar a cena exibida com outras cenas possíveis no imaginário do respondente: um componente implicativo (como terminaria a cena?) e um componente projetivo (onde você estaria se estivesse no interior da cena figurada?). O componente implicativo situa o sujeito respondente na direção da ação executada, no **"eterno looping da perseguição"**, e o componente projetivo desloca-o para o interior do cenário: **"Eu seria o refúgio observando a perseguição."**

A figuração, elaborada no protocolo número 1, atualiza os elementos constitutivos do imaginário heroico, em que o elemento simbólico predominante (espada) cria uma cena de confronto. O simbolismo do refúgio é secundário, e o elemento cíclico reforça a natureza desproporcional do confronto representado: **"busca um refúgio, que, tristemente, é cíclico"**.

É possível observar no protocolo a presença dos componentes fundamentais do imaginário, identificadas por Gilbert Durand (1997, p. 406): a transcendência do eufemismo na cultura, a espacialização do simbolismo e a atualização de arquétipos universais.

"Um homem monstruoso escorrega e cai com uma espada e uma tocha na mão enquanto persegue um porco que busca um refúgio, que, tristemente, é cíclico."

Na figuração da cena de confronto (monstro, personagem e espada), o arquétipo da queda eufemiza a angústia da passagem do tempo. A queda não é figurada como a morte do personagem ou do monstro, e provoca o retardamento da morte do animal. A cena figurada apresenta a suspensão temporária da morte, transformada em angústia pela própria passagem do tempo, **"que, tristemente, é cíclico"**

A espacialização do simbolismo ocorre através de uma polarização mítica em dois campos opostos: o campo das forças negativas, orientadas à Morte e ao Tempo, e o campo das forças positivas, orientadas à Vida. A análise do direcionamento das forças simbólicas em atuação no protocolo AT9 toma por referência o modelo cognitivo gráfico, elaborado por Yves Durand (1988), e usa como suporte o inventário dos símbolos. Esse inventário permite que o respondente situe o sentido do simbolismo utilizado no microuniverso construído.

A questão proposta sobre a projeção do sujeito no interior da cena produziu, ao longo do tempo, um conjunto de tendências em comum. O pesquisador Yves Durand (2005, p. 174) indica que é efetiva a construção de algum tipo de identificação entre os sujeitos e as personagens na composição:

> Conforme indicado precedentemente, a identificação direta à personagem da cena criada é comum no universo heróico, e entre os sujeitos masculinos. Aos sujeitos femininos é comum a utilização de uma identificação indireta, por meio de um duplo do personagem (personagem complementar, espectador da cena, autor de outra ação).

A identificação direta é a forma predominante na identificação dos sujeitos às personagens do cenário, embora possam ocorrer formas imprecisas de identificação ao monstro, ao animal ou a um elemento natural, como a água ou o fogo. Existem formas defensivas, em que a identificação é realizada de maneira imprecisa: recusa da identificação ("eu não participaria"); incapacidade de reconhecer um "eu" responsável ("eu iria para o deserto que não tem monstros"); afastamento do mundo imaginário criado ("eu ficaria na sala", "eu estaria em casa").

Figura 47 – Categorias de imagens do imaginário heroico

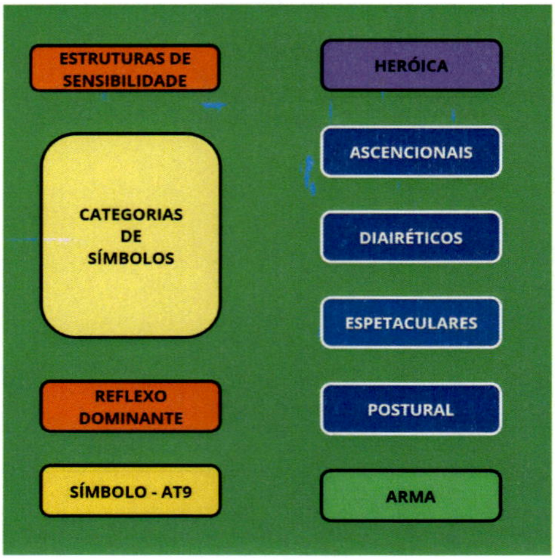

Fonte: o autor (2024)

O conjunto de classes de símbolos organizados pelo imaginário heroico (Figura 47) estão presentes no protocolo número 1, na cena de confronto, por meio do simbolismo:

a. Símbolo ascensional ("humano monstruoso");

b. Símbolo cortante (diairético) ("espada com o monstro");

c. Símbolo espetacular ("tocha para indicar o ataque").

O protocolo número 1 (Figura 46) apresenta a estrutura heroica (Durand, 1997), caracterizada pela predominância dos elementos do triângulo do heroísmo (personagem, monstro e espada).

Yves Durand (2005, p. 26) indica que a representação do heroísmo pode adquirir uma forma impura, em que o cenário construído possui o arquétipo do refúgio com uma função de proteção para o herói. Nesse caso, o herói não dispõe de meios suficientes para enfrentar o desafio. Outros modos de figuração do imaginário heroico encontradas pelo autor são os seguintes: super heroico, onde os elementos do combate são o centro da figuração; heroísmo integrado, no qual aparecem fracos elementos místicos no universo heroico; a forma heroica descontraída, na qual os personagens são figurados em brincadeiras ou o combate está distante do cenário. Na presente pesquisa nos mantivemos no nível das macroclassificações da estrutura de sensibilidade do imaginário (heroico, místico e dramático).

O protocolo número 1 apresenta o arquétipo do monstro com o papel principal e o do animal em uma cena de fuga, no contexto de "eterno looping de perseguição", projetado no espaço imaginário.

Figura 48 – Síntese dos resultados (protocolo número 1)

Elemento	Imagem	Função	Simbolismo	Vida/Morte
1 - Queda	Personagem caindo	Obstáculo	Falha	Vida
2 - Espada	Espada com o monstro	Ataque	Ataque	*Morte*
3 - Refúgio	Refúgio	Repetição eterna	Calma	Vida
4 - Monstro	Personagem humano	Questionar o sentido	Identidade	*Morte*

Elemento	Imagem	Função	Simbolismo	Vida/Morte
5 - Cíclico	Sala infinita	Situação eterna	Vida	Vida
6 - Personagem	Pessoa caindo	Atacante	Persona	*Morte*
7 - Água	Poça	Obstáculo	Imprevisível	Vida
8 - Animal	Porco	Presa	Função	Vida/*Morte*
9 - Fogo	Tocha	Indicar o ataque	Intensidade	*Morte*

Fonte: o autor (2024)

Nessa cena, o porco é o herói em fuga e o monstro é a personagem central da ação figurada. A fuga é apresentada como algo cíclico. A respondente do protocolo recusa a projeção na cena dramatizada ("Eu seria o refúgio observando a perseguição."), e a desidentificação com a cena indica um nível de desconforto elevado do sujeito presente no imaginário do sujeito.

A cena apresenta correlação com o fato narrado pela respondente em relação às dificuldades que envolvem a presença feminina no interior de um espaço predominantemente masculino. O monstro humano, que confronta o animal, atualiza questões sobre a exposição do corpo feminino e a diferença de gênero.

Figura 49 – Intensidade do conflito no protocolo número 1

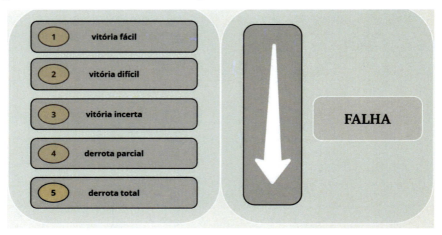

Fonte: o autor (2024)

A escala apresentada (Figura 49), elaborada a partir da reflexão de Yves Durand (2005), permite identificar o grau de intensidade do conflito figurado no protocolo.

A composição heroica (Figura 46) representa uma cena com um grau elevado de desconforto existencial, porque a fuga corresponde a uma derrota parcial, nível 4 de desconforto. Na figuração do triângulo do heroísmo, o animal ocupa a posição do herói. A cena imaginada simboliza um ataque do gênero masculino sobre o feminino no interior de um espaço do imaginário heroico.

6.1.1.1 Inquiridor Gráfico (IG)

A busca de imagens relacionadas ao conceito de INCLUSÃO leva à formação de uma rede de relacionamentos entre diferentes os aspectos do conceito, ligados entre si pelas imagens localizadas. Essas imagens passam a formar o cimento que liga os aspectos do conceito contraditórios e complementares da conexão do conceito com a vida. Nesse processo as imagens constituem-se em veículos para a abertura de passagens entre o concreto e o abstrato, em que, conforme Lackovic (2020b, p. 170), "um desenho ou um modelo pode ser empregado para ajudar a imaginação, mas o essencial é o ato de imaginar".

O protocolo de pesquisa número 1 permite-nos acompanhar dois aspectos relevantes da construção do artefato: a dimensão do estranhamento entre as imagens que são colocadas em presença pelo pensamento ativo e o conjunto de estruturas comunicantes que começam a se constituir entre os elementos simbólicos (imagéticos) reunidos através do processo de busca.

Figura 50 – Imagem icônica

Fonte: protocolo de pesquisa (2024)

a. Imagem icônica: a Figura 50 é apresentada como uma imagem estereotipada de uma representação do conceito de INCLUSÃO, na forma de uma diversidade de corpos alinhados horizontalmente e olhando diretamente para o observador. A imagem apresenta duas figuras brancas masculinas, uma das quais está sentada em uma cadeira de rodas; uma mulher negra com cabelos crespos soltos; uma criança branca em pé com traços da Síndrome de Down; e uma adolescente branca de pé, também com traços de Síndrome de Down.

- Comentário da respondente: "Para mim a inclusão é representada com o objetivo de **enriquecer** a **imagem de uma marca** e **não** para demonstrar inclusão de grupos **marginalizados** no ecossistema da marca, em si. Se a marca realmente quisesse praticar a inclusão, pessoas pretas, PcDs e pessoas com Síndrome de Down apareceriam nas propagandas o ano todo e não em datas específicas."

b. Imagem contrastante: representada por um conjunto de corpos femininos em roupa íntima, correspondendo a um desfile da marca Victoria's Secret, com várias mulheres jovens, predominantemente brancas, altas e esguias, de pé em um ambiente fechado.

- Comentário da respondente: "A pouco tempo atrás o **diretor criativo** da marca disse que a **Victoria's Secret** não iria se juntar ao movimento '*Body Positive*', ou seja, não iria mostrar modelos fora de um **padrão de beleza europeu**, o diretor chegou a citar também que a marca '**vendia sonhos**', como se o sonho de todas as pessoas que usassem seus produtos, ao comprá-los, desejassem ser brancas, magros e um estereótipo de *Male Gaze*."

No processo de integração, as imagens presentes no imaginário pessoal e as imagens existentes no espaço da realidade exterior, no imaginário compartilhado, são mediadas pelos aspectos do conceito explorado. A atividade permite que ocorra a externalização do sentido. Nesse processo ocorre o que Gilbert Durand (1997) identificou como a espacialização do imaginário, que é explorada por Lackovic (2020b, p. 193), sob a perspectiva da cognição externa:

> A ideia de externalização e cognição externa... implica em que, quando pensamos, não fazemos algo que é exclusivamente privado e interno. Essa é uma visão parcial. Con-

tudo, os processos que se dão em nossa mente incorporam elementos úteis do mundo externo que estejam acessíveis (aqui e agora) através dos nossos sentidos. [Nossa perspectiva] considera a cognição como a extensão de um sistema cognitivo que inclui contextos e ambientes...

Figura 51 – Microrrede de contraste

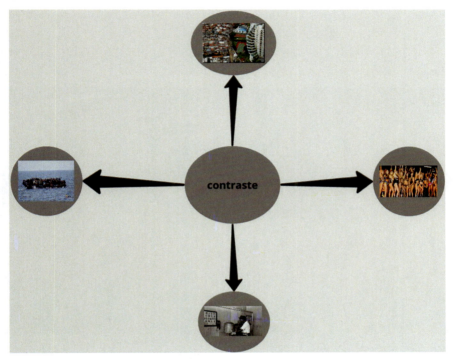

Fonte: protocolo de pesquisa (2024)

A acumulação em torno de um aspecto significativo do conceito sob investigação coloca em conexão as imagens íntimas, o aspecto íntimo do imaginário de cada sujeito e as imagens oferecidas pelo algoritmo de pesquisa, que passam a fazer parte da rede compartilhada do conceito investigado. No interior da microrrede de imagens do contraste (Figura 51) concentram-se imagens que representam a EXCLUSÃO:

- Imagem capturada que apresenta o contraste entre a favela e o condomínio, que exemplificam o paradigma da exclusão presente nos ambientes urbanos contemporâneos;

- Imagem capturada de um desfile de moda íntima da marca Victoria's Secret que atualiza um tipo de discriminação e objetificação do corpo feminino, que persiste na pós-modernidade;
- Imagem capturada de espaços com bebedouros segregados para pessoas "não brancas" durante o regime de apartheid da África do Sul, representando a exclusão;
- Imagem capturada de um grande barco lotado de refugiados que tomba no Mar Mediterrâneo.

Figura 52 – Imagem contraste

Fonte: protocolo de pesquisa (2024)

A imagem acima (Figura 52) pertence à trilha de imagens construída no protocolo número 1 (Figura 46) e possui conexão com as questões presentes no Teste Antropológico número 1, realizado pela voluntária, em que as questões da construção da identidade, o gênero e a perspectiva do corpo da mulher estão presentes e formam um ponto de vista único. Um ponto de vista feminino que incorpora a perspectiva da neurodiversidade para o conceito de INCLUSÃO.

Figura 53 – Cadeia de imagens

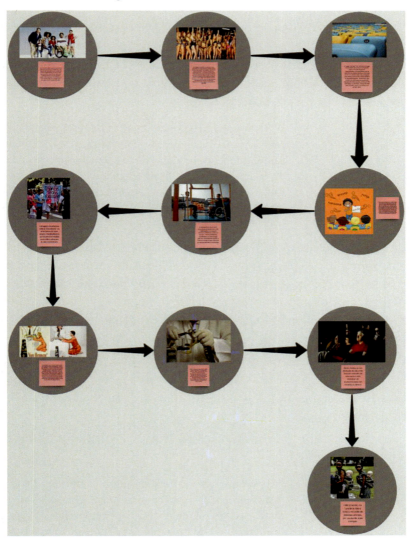

Fonte: protocolo de pesquisa (2024)

As imagens conectadas (Figura 53) não compartilhavam nenhum espaço físico, mas estão no imaginário dos respondentes que compartilham esse espaço de ensino-aprendizagem. O resultado desse processo cria insights sobre formas de entendimento a respeito de prioridades e relevâncias em discussões sobre INCLUSÃO.

6.1.1.2 Teste Arquetípico de Lugar (ATL9)

O teste ATL9 utiliza-se dos arquétipos representativos elaborados por Yves Durand (1988), adaptados por Danielle Pitta para uso na análise do tecido urbano, e categorizados por Tânia Pitta em função do modo como os arquétipos são usados para construir o sentido no interior dos espaços (Leite; Pitta; Teti, 2017, p. 63-64):

> Os nove arquétipos empregados no teste são os seguintes: o monstro devorante e a queda, que diz respeito à angústia existencial em frente à passagem do tempo e da morte. A espada, o refúgio e o elemento cíclico conduzem à ação. O personagem é o suporte para a projeção do indivíduo. A água, o animal e o fogo são os elementos polissêmicos e polimorfos.

Assim como o teste AT9, que permite a criação de uma composição criativa, por meio das partes constituintes (desenho, narração e questionário), o teste ATL9 permite, em um espaço que já existe, produzir uma espacialização dos arquétipos (positivos e negativos), em função dos afetos projetados pelos indivíduos sobre os espaços.

É possível observar as formas de conexão entre os indivíduos e os espaços, por meio das relações estabelecidas, pois, como pontua Tânia Pitta (2015, p. 2), "o passeio na cidade ou no interior de um lugar, é constituído de surpresas, ou de um sentimento de proteção, de angústia, ou de intimidade"

A pesquisa sobre a espacialização (Pitta, 2015, p. 2), fundamentada no imaginário,

> [...] permite questionar a dimensão simbólica do espaço. O símbolo como o espaço se caracteriza pela sua ambigüidade. Esta ambigüidade faz com que o espaço seja vivido de maneira diferente segundo a cultura do morador. Então, segundo o regime da imagem que o habitante pertence, a simbologia do espaço muda.

Essa simbolização do espaço, sob a forma de um espaço imaginário, permite aos sujeitos envolvidos projetarem as imagens de suas subjetividades. Essas imagens são transformadas em sinalizadores das relações afetivas construídas no interior do espaço compartilhado, em um movimento de sinalização dos afetos (Maffesoli, 2001, p. 154):

> [...] a partir do momento em que a imagem deixa de ser da ordem da periferia ou de estar confinada unicamente na literatura ou nas belas-artes, para tornar-se um vetor essencial de socialidade, e isso em todos os domínios, é da maior urgência saber, também, utilizá-la na investigação social.

A construção das relações afetivas no interior dos espaços de aprendizagem interfere na construção dos espaços compartilhados e na assimilação dos valores que permeiam a vivência coletiva. Os espaços compartilhados são lugares privilegiados em que os trajetos antropológicos se atualizam e as imagens presentes na cultura coletiva passam a integrar o imaginário individual.

6.1.1.3 Representação do espaço íntimo - ATL.9

Figura 54 – Representação do refúgio pessoal (aluna)

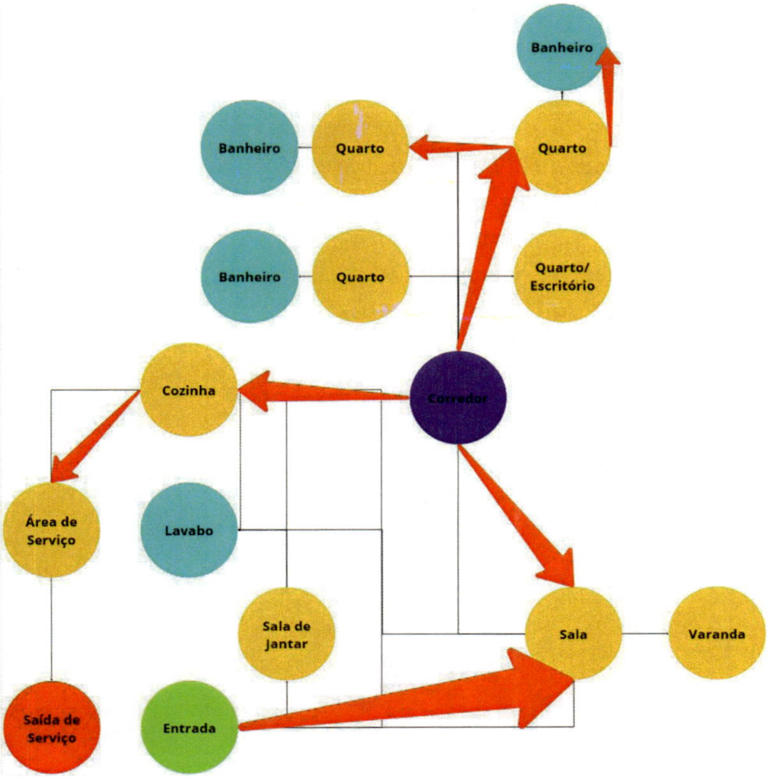

Fonte: protocolo de pesquisa (2024)

A atividade consistiu em solicitar que a participante construísse uma representação do seu espaço de circulação pessoal, a fim de que a memória afetiva pudesse ser ativada em relação a imagens de interações relacionadas ao acolhimento de um ambiente de refúgio conhecido. A entrevista ocorreu de modo on-line, na plataforma Miro, com hora marcada e sem registro de imagens do ambiente pessoal. A duração da atividade foi de uma hora.

A respondente realizou a representação do espaço da residência (Figura 54) e definiu as cores que julgou adequadas para representar os espaços constituintes e as conexões entre eles. A imagem apresenta os traços mais intensos nas conexões entre as áreas onde a memória afetiva de uso era recorrente.

O estudo desenvolvido por Tânia Pitta (2015, p. 188) indica que a casa nem sempre aparece associada às funções de segurança e proteção, em conexão com o arquétipo do refúgio. Na presente pesquisa, a aproximação entre um espaço de intimidade e um espaço de sociabilidade (faculdade) permite que o respondente estabeleça uma correlação entre o conforto e a segurança presente os dois ambientes.

Durante a interação on-line, foi solicitado que a respondente realizasse uma busca on-line e reunisse um conjunto de ícones para representar os arquétipos do teste ATL.9 e, em seguida, dispusesse-os sobre a imagem do espaço da instituição de ensino, reconstituído com base na memória de uso dos espaços na mesma plataforma Miro. O espaço representado passou a estabelecer uma correspondência com as memórias da vivência em comum nas atividades de ensino-aprendizagem.

Figura 55 – Legenda ATL9

Fonte: protocolo de pesquisa (2024)

A respondente selecionou um conjunto particular de ícones (Figura 55), para representar os arquétipos e os dispôs sobre o nome destes:

- Personagem: ícone de pessoa;
- Queda: ícone de cometa;
- Monstro devorador: ícone de máscara vermelha com chifres, dentes amarelos e olhos abertos;
- Animal: ícone da cabeça de um porco;
- Fogo: ícone de chama vermelha;
- Água: ícone de gota azul;
- Espada: ícone de duas espadas cruzadas com a lâmina para cima;
- Elemento cíclico: ícone de fitas verdes em circunvolução;
- Refúgio: ícone de casa com árvore.

A segunda atividade desenvolvida consistiu em distribuir os ícones representativos dos arquétipos no espaço interno da instituição de ensino (Figura 56) e adicionar um comentário a respeito do motivo para que aquele arquétipo tivesse a predominância no espaço selecionado. Dessa forma, o espaço físico é transformado em um espaço simbolizado e recebe as cargas do simbolismo, positivo ou negativo, conforme seja ativada a memória afetiva das vivências pessoais de INCLUSÃO no espaço compartilhado.

6.1.1.4 Representação do espaço compartilhado - ATL9

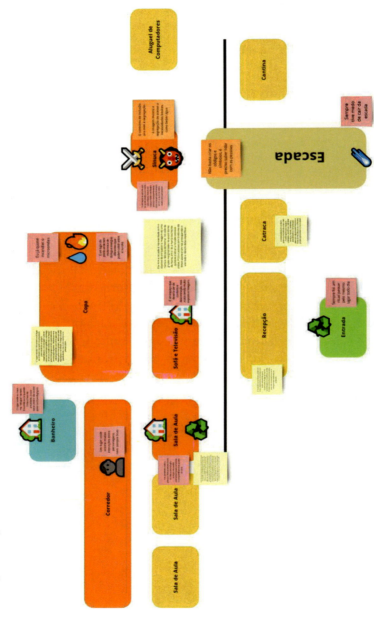

Figura 56 – Representação do ambiente de estudo

Fonte: protocolo de pesquisa (2024)

A terceira atividade desenvolvida por cada participante consistiu em estabelecer ligações entre as imagens presentes no imaginário pessoal e as imagens evocadas pelas vivências ocorridas no interior do espaço institucional. A ação foi desenvolvida através da recuperação das imagens produzidas na atividade realizada no Inquiridor Gráfico. Cada imagem significativa anteriormente obtida foi trazida para a representação do espaço institucional, sempre que a situação rememorada evoca algum dos aspectos do conceito de INCLUSÃO pesquisado na etapa anterior.

O processo encontra um paralelo com o desenvolvimento dos fluxos de memória através do corpo, em exercícios de formação de atores nas experiências com o Teatro da Imaginação (Cavinato, 2015, p. 85):

> A partir da estimulação corporal e musical, os participantes improvisam com o tema proposto. O material para a criação são as imagens que são geradas, materializadas seja no corpo, seja na criação de histórias, em desenhos e pinturas. O processo é lento. Não se chega a essa fonte imediatamente, é um processo também de associação de imagens, símbolos e narrativas. Para procurá-las, tem início o movimento do repertório da memória da infância, período de desenvolvimento humano caracteristicamente simbólico, no qual aprendemos a simbolizar.

Buscou-se estabelecer uma conexão afetiva entre as vivências diárias e as imagens presentes na memória da participante através da transposição das imagens presentes no Inquiridor Gráfico e o espaço representado. O espaço transforma-se em um espaço de memória e o aprendizado do conceito passa a obter uma carga afetiva de suporte que o afasta da simples definição gramatical ou da ação de memorizar a definição do conceito.

6.1.1.5 Síntese do protocolo número 1 - ATL9

A respondente situou os arquétipos seguindo a lógica de heroísmo no protocolo AT9, na qual o "EU" imaginário dramatiza os percursos no espaço imaginário e do local de estudo.

- Os arquétipos que dirigem a ação imaginária no espaço:
  - O arquétipo da Espada foi figurado na área de convivência com os outros usuários e marca o principal local de confronto;

- O arquétipo do Elemento Cíclico foi figurado na catraca do local de acesso, com uma conotação de vida e reinício (**"Sempre foi um ritual passar pelo mesmo lugar todo dia."**);

- O arquétipo do Refúgio foi figurado em diferentes locais, figurando uma situação de ameaça e fuga, caracterizando a insegurança existencial discutida anteriormente: "É um lugar do prédio que eu gosto muito, uso muito pra relaxar, mas é um espaço muito conflitante porque constantemente está ocupado por homens", **"deveria ser de conforto e descontração, mas acaba sendo muito exposto e inseguro"** e **"o lugar onde eu mais me 'refugiei' de fato."**

c. Os arquétipos de apoio, de conteúdo polimorfo e polissêmico figuram a inquietação do autor:

- O arquétipo do Animal não foi figurado;

- O arquétipo da Água: **"muita troca de diálogo e energias diferentes (que podem colidir entre si ou não)"**;

- O arquétipo do Fogo: **"já quase incendiei o microondas"**.

d. Os arquétipos que expressam a angústia existencial e a passagem do tempo, relacionam-se contextualmente com situações de desconforto:

- O arquétipo do Monstro Devorador expressa a angústia sob a forma do conflito de gênero: **"eu gosto muito, uso muito pra relaxar, mas é um espaço muito conflitante porque constantemente está ocupado por homens... o que me deixa muito desconfortável"**;

- O arquétipo da Queda reforça uma condição de expectativa desconfortável: **"Sempre tive medo de cair da escada"**.

e. O arquétipo do Personagem, que suporta a projeção do respondente, figura o potencial de interações tensas: **"Um lugar onde ocorrem muitas interações entre personagens, nem sempre boas"**.

O arquétipo do Refúgio desempenha um papel preponderante na dramatização da angústia figurada. Encontra-se projetado em três diferentes locais (sala de aula, lazer/sinuca e banheiro) para figurar a inquietação permanente. Representa o desconforto causado pelo compartilhamento de um espaço externo inseguro e o recolhimento para um espaço pessoal, confiável e íntimo. Representa a fuga e a busca de proteção.

O deslocamento imaginário no espaço figurado carrega os traços dos embates cotidianos: a presença de relações confiáveis na sala de aula; as interações conflituosas, nos espaços de convivência; e, a angústia expressa na busca de um espaço mais íntimo. O personagem realiza um deslocamento imaginário entre a sala de aula, o espaço de recreação e o banheiro (onde vivencia momentos de angústia mais intensos).

O protocolo figura o imaginário heroico, com uma acentuada caracterização da insegurança, presente na representação do arquétipo do Refúgio sendo deslocado para diferentes lugares do espaço. A insegurança referida no protocolo diz respeito a um confronto entre a presença feminina e a predominância masculina nos espaços.

O modo como os arquétipos foram simbolizados permite situar duas posições de identidade figuradas: um "EU" isolado e um "ELES" integrado. No protocolo referido, o "EU" representa uma mulher da graduação em Design e o "ELES" representa os homens da graduação em Ciência da Computação.

Figura 57 – Síntese dos resultados (protocolo número 1)

Elemento	ícone	localização	Simbolismo	Vida/ Morte
1 - Queda	Cometa azul	Escada	"Sempre tive medo de cair da escada."	*Morte*
2 - Espada	Espadas cruzadas	Sinuca	"É um lugar do prédio que eu gosto muito, uso muito pra relaxar, mas é um espaço muito conflitante porque constantemente está ocupado por homens de CC, o que me deixa muito desconfortável."	*Morte*

Elemento	ícone	localiza-ção	Simbolismo	Vida/Morte
3 - Refúgio	Casa	Sala de aula; sofá e televisão; banheiro	- Sala de aula: "Um ambiente cíclico, porque frequentava todos os dias e um refúgio, por-que me sentia confortável para comentar e compartilhar meu ponto de vista." - Sofá: "É um espaço que deve-ria ser de conforto e descon-tração, mas acaba sendo muito exposto e inseguro." - Banheiro: "O lugar onde eu mais me 'refugiei' de fato. Era onde eu ia quando tinha crises de ansiedade, já que nesse prédio não existe apoio psicopedagógico."	*Morte*
4 - Monstro	Máscara vermelha com chifres	Sinuca	"É um lugar do prédio que eu gosto muito, uso muito pra relaxar, mas é um espaço muito conflitante porque constan-temente está ocupado por homens de CC, o que me deixa muito desconfortável."	*Morte*
5 - Cíclico	Setas verdes	Entrada	- Entrada: "Sempre foi um ritual passar pelo mesmo lugar todo dia." - Sala: "Um ambiente cíclico, porque frequentava todos os dias..."	Vida
6 - Personagem	Figura humana	Corredor	"Um lugar onde ocorrem mui-tas interações entre persona-gens, nem sempre boas..."	Vida/*Morte*
7 - Água	Gota azul	Copa	"É um lugar do prédio onde tem muita troca de diálogo e energias diferentes (que podem colidir entre si ou não)"	Vida
8 - Animal	Ausente	Ausente	Ausente	Ausente

Elemento	ícone	localiza-ção	Simbolismo	Vida/Morte
9 - Fogo	Chama vermelha	Copa	"Eu já quase incendiei o microondas."	Vida
CORRELAÇÃO VIDA/MORTE (44%/56%)				4/5

Fonte: o autor (2024)

A figuração realizada não permite que a respondente encontre uma situação de conforto no interior do espaço, o que se demonstra pela correlação (Figura 57) entre as forças positivas e as forças negativas (44%/56%).

Nessa representação do sujeito no interior do espaço, a respondente é o personagem em um movimento de fuga, em um percurso imaginário de uma área de mais exposição para uma área de menor exposição.

O sujeito se projeta no interior do Refúgio ("EU"), em oposição ao espaço onde projeta a identidade coletiva, figurada no arquétipo do Monstro Devorador ("ELES"), colocado na área de lazer.

6.1.2 Protocolo de pesquisa número 2 - Teste AT9 (aluno 2)

Estudante, 25 anos, gênero masculino, cor branca, cursando o quinto período de Ciência da Computação. Apresenta Transtorno do Espectro Autista (TEA), com nível 1 de suporte e Transtorno de Déficit de Atenção e Hiperatividade (TDAH).

Realizou o teste AT9 em um tempo de 33 minutos, sendo o tempo de realização compatível com o tempo de referência para realização da atividade, 30 minutos.

1. Compor um desenho com os seguintes elementos: uma queda, uma espada, um refúgio, um monstro devorador, algo cíclico (que gire, produz, que progride), um personagem, água, um animal (ave, réptil, mamífero), fogo.

Figura 58 – Protocolo de pesquisa número 2

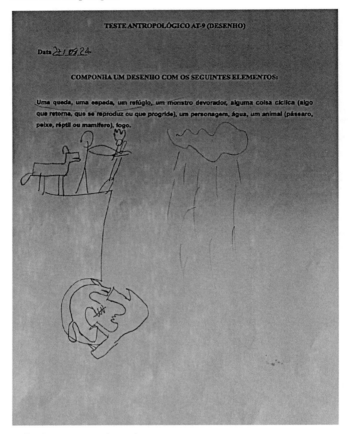

Fonte: protocolo de pesquisa (2024)

2. Explique o seu desenho:

"No pico de uma montanha há uma espada guardada por monstros famintos que se devoram eternamente. Um herói com seu cachorro sobe essa montanha em um dia chuvoso para recuperar a espada abrindo caminho na escuridão com uma tocha."

3. Responda de modo preciso às seguintes questões:

a. Sobre que ideia você centrou a sua composição?

R – "Espada no topo da montanha".

b. Você foi eventualmente inspirado? Através de que (leitura, filme etc.)?

R - "Nenhuma inspiração direta, mas houve influência do meu gosto por aventura e fantasia".

c. Entre os nove elementos do texto de sua composição, indique:

1. Os elementos essenciais em torno dos quais você construiu o desenho:

R - "A espada especial guardada por monstros".

2. Os elementos que você teria vontade de eliminar, por quê?

R - "A tocha porque entra em conflito com a chuva e não adiciona a narrativa".

d. Como acaba a cena que você imaginou?

R - "Poderia terminar com o herói matando os monstros ou com ele fugindo deles por pouco".

e. Se você tivesse que participar da cena, onde você estaria? O que você faria?

R - "Provavelmente seria um expectador, pois não tenho a maldade do monstro, a coragem do herói, a abnegação do cachorro ou a impassividade da chuva ou terra e observaria sem saber ao certo o que fazer".

No contexto da análise, buscamos, inicialmente, identificar a perspectiva de construção da coerência para a personagem em sua jornada. Acompanhamos, nesse sentido, a observação dos especialistas (Lahud Loureiro, 2004, p. 46):

> [...] o que é um AT-9 estruturado senão um micro universo mítico qualificável por um motivo temático preciso (heróico, místico, etc) e em torno do qual se ordenam funcionalmente e/ou simbolicamente os nove elementos do modelo?

O processo criativo subjacente apresenta um conjunto de características que o tornam expressivo (Durand, 2005, p. 103): é sistêmico, por possuir estrutura e classes de relacionamento; é dramático, por apresentar uma atuação organizada de personagem; e é expressivo, por apresentar aspectos gráficos e verbais.

O protocolo número 2 (Figura 47) apresenta uma estrutura de sensibilidade heroica, mas a figuração realizada não apresenta o confronto direto, por meio do triângulo simbólico (personagem, espada e monstro).

"No pico de uma montanha há uma espada guardada por monstros famintos que se devoram eternamente. Um herói com seu cachorro sobe essa montanha em um dia chuvoso para recuperar a espada abrindo caminho na escuridão com uma tocha."

O confronto é enunciado como uma ação futura: **"Um herói com seu cachorro sobe essa montanha em um dia chuvoso para recuperar a espada...guardada por monstros famintos..."**

Nesta composição é possível identificar uma sutil diferenciação na figuração do triângulo heroico: na figuração do monstro duplicado que se autoconfronta (**"monstros famintos que se devoram")**; na figuração da espada no campo do monstro (**"uma espada guardada por monstros famintos"**); e no herói que atua apoiado por um adjuvante (**"um herói com seu cachorro"**).

"No pico de uma montanha há uma espada guardada por monstros famintos que se devoram eternamente. Um herói com seu cachorro sobe essa montanha em um dia chuvoso para recuperar a espada abrindo caminho na escuridão com uma tocha."

É possível observar no protocolo a presença dos componentes fundamentais comuns a toda estrutura de sensibilidade do imaginário, identificadas por Gilbert Durand (1997, p. 406): a transcendência do eufemismo na cultura, a espacialização do simbolismo e a atualização de arquétipos universais.

Na figuração da cena o arquétipo da queda eufemiza a angústia da passagem do tempo na forma do medo, simbolizado pelo penhasco que o herói sobe. A queda não é figurada como a morte do personagem ou do monstro, e sim como um risco presente na ação realizada antes do enfrentamento. Figura-se a ameaça permanente da morte do personagem, transformada em angústia, pela repetição de confrontos ao longo do tempo, **"uma espada guardada por monstros famintos que se devoram eternamente."**

O conjunto de símbolos do imaginário heroico (ascensionais, diairéticos e espetaculares) estão presentes nos símbolos constelados:

a. Verticalidade ascensional (**"penhasco"**);

b. Separação diairética (**"uma espada guardada"**);

c. Figuração espetacular (**"abrindo caminho na escuridão com uma tocha."**).

O protocolo número 2, considerando o conjunto de formas expressivas do imaginário identificadas por Yves Durand (1988, 2005), classifica-se como heroico, apresenta uma intensidade de conflito, representa uma forma de heroísmo descontraído.

Yves Durand define (1988, p. 91) que o heroísmo descontraído se manifesta no protocolo em que "o herói não se encontra em situação de combate, ou já combateu ou está na iminência de combater". Não existe uma situação de perigo atual, na cena imaginada.

Figura 59 – Síntese dos resultados (protocolo número 2)

Elemento	Imagem	Função	Simbolismo	Vida/Morte
1 - Queda	Penhasco	Obstáculo	Medo	*Morte*
2 - Espada	Espada com o monstro	Desejo	Poder	Vida
3 - Refúgio	Caverna	Casa do monstro	Monstro	*Morte*
4 - Monstro	Monstros famintos	Ser o monstro	Maldade	*Morte*
5 - Cíclico	Fome e regeneração	Maldade	Pressões	*Morte*
6 - Personagem	Cavaleiro	Recuperar a espada	Coragem	Vida
7 - Água	Chuva	Obstáculo	Encharcado	*Morte*
8 - Animal	Cachorro	Companheiro	Amizade	Vida
9 - Fogo	Tocha	Ajudar o herói	Ferramenta	Vida

Fonte: o autor

A composição figura uma forma lúdica de heroísmo, em que se evita o confronto direto e sugere-se um final alternativo (**"poderia terminar com o herói matando os monstros ou com ele fugindo deles por pouco"**)

Figura 60 – Intensidade do conflito no protocolo número 2

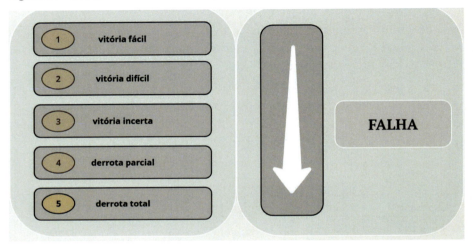

Fonte: o autor

A intensidade do conflito é baixa e a cena dramatizada desloca o grau de desconforto para os *níveis 2 ou 3* (Figura 60), porque o herói conta com o apoio do animal para confrontar o Monstro (Figura 58), mesmo quando as forças negativas estão em um nível superior (Figura 59). O herói da cena encontra-se em situação de *vitória difícil ou incerta*, pois não dispõe da espada e necessita do apoio de um adjuvante.

6.1.2.1 Inquiridor Gráfico (IG)

A Figura 49 apresenta o conceito de INCLUSÃO, na perspectiva de um aluno neurodivergente (TEA/TDAH). Lackovic (2020, p. 202) coloca a questão da aprendizagem em termos da transformação das percepções compartilhadas para a formação de um espaço subjetivo comum:

> Sem entender como o receptor constrói significação e em que perspectivas (crenças) elas foram aculturadas... 'a comunicação com ele pode ser problemática e fútil... Desta forma, o tutor ganha um maior entendimento a respeito

dos estudantes' utilizando os padrões deles para produzir um conhecimento mais completo e entender os processo de produção de sentido, os interesses e crenças, muito mais que questionando a respeito de interpretações [...]

Figura 61 – Trilha de imagens do protocolo número 2

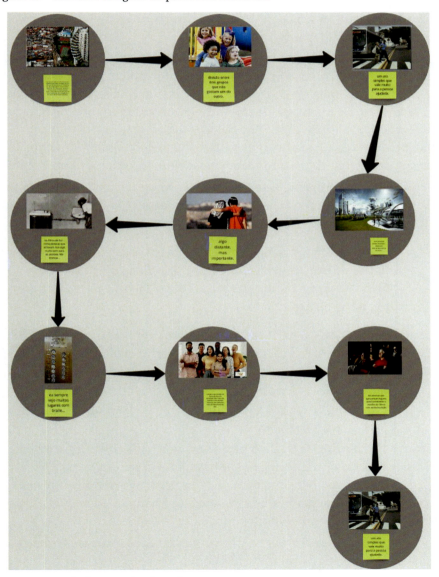

Fonte: protocolo de pesquisa (2024)

A Figura 61 é o resultado da busca realizada no protocolo número 2 com respectivo conjunto de comentários sobre o aspecto de cada imagem do aspecto do conceito investigado. As imagens reunidas estão relacionadas com o imaginário heroico descontraído, figurado no protocolo AT9, e foram recuperadas pela rotina de pesquisa do Inquiridor Gráfico, com um intervalo de 20 dias da realização do protocolo AT9. É possível considerar que não houve influência direta entre as atividades envolvidas em cada uma das etapas da pesquisa.

Essa trilha de imagens remete às características do imaginário heroico e apresenta ressonância com a necessidade de apoio à ação do personagem, figurada na cena do AT9 pela presença do animal e, neste conjunto, pela recorrência da imagem de um indivíduo ajudando uma pessoa com deficiência visual a atravessar uma faixa de pedestre (terceira e última imagens), pelo abraço entre um judeu e um palestino, na quinta imagem, e na presença de pessoas formando grupos, nas segunda, oitava e nona imagens.

A lógica de confronto que caracteriza o imaginário heroico encontra ressonância nas imagens que representam aspectos da separação nos critérios de pesquisa do conceito de INCLUSÃO:

- CONTRASTE (primeira imagem): um grande condomínio vertical diante de uma favela, como figuração da exclusão social; Comentário do aluno neurodivergente: "divisão entre dois grupos que não gostam um do outro.";

- TEMPORALIDADE (sexta imagem): um homem preto bebe água na torneira de uma pia, com o enunciado "pessoa de cor", enquanto ao lado existe um bebedouro para pessoas brancas; Comentário do aluno neurodivergente: "na África do Sul... havia pessoas que achavam isso algo muito bom para as pessoas não brancas..."

A natureza tridimensional da estrutura de imagens que resulta da aplicação do Inquiridor Gráfico permite que a trilha de imagens significativas construída no interior de um imaginário heroico possa ser atravessada e fecundada por uma outra trilha construída no interior de uma outra estrutura de sensibilidade, da mesma forma que vai enriquecer a outra trilha com a própria contribuição.

A mediação das imagens permite estabelecer uma estrutura de relevância e prioridade relacionada com a abertura de perspectivas no campo de significação produzido pelo conceito pesquisado.

Figura 62 – Imagem desafio

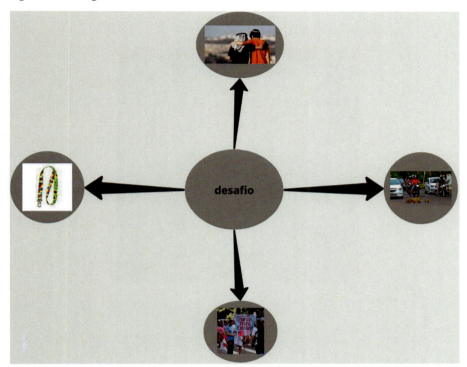

Fonte: protocolo de pesquisa (2024)

Na microrrede de imagens construída em torno do aspecto DESAFIO (Figura 62) encontram-se imagens que expandem o conceito de INCLUSÃO. A imagem resulta da contribuição de respondentes com diferentes estruturas de imaginário e coloca cada um em contato com imagens que não frequentaram as suas respectivas trajetórias.

- A imagem capturada de um jovem judeu abraçado a um jovem palestino;
- A imagem capturada de conjunto de veículos e motocicletas parados em um semáforo aguardam uma família de pequenos quatis cruzarem a faixa de pedestres;
- A imagem de uma manifestação com adultos e crianças em uma área semelhante a um parque, onde se vê uma placa com os dizeres: 'Crianças Trans existem' (Figura 63); e

- A imagem de uma fita de quebra-cabeças, símbolo do autismo.

Figura 63 – Imagem desafio (detalhe)

Fonte: protocolo de pesquisa (2024)

As imagens concentram diferentes dimensões para desdobramento do conceito de INCLUSÃO, em que se destacam os aspectos relacionados com direitos políticos, relação com a natureza, respeito à diversidade sexual e proteção à neurodiversidade. As diferentes perspectivas colocadas em relação apontam para o aspecto fundamental de que a INCLUSÃO não se esgota nas estruturas que asseguram a acessibilidade aos espaços.

6.1.3 Protocolo de pesquisa número 3 - Teste AT9 (aluno 3)

Estudante, 19 anos, gênero masculino, cor branca, cursando o quinto período de Ciência da Computação. Apresenta Síndrome de Asperger.

Realizou o Teste AT9 em um tempo de 56 minutos, sendo o tempo de realização superior ao tempo de referência para realização da atividade, definido como 30 minutos.

1. Compor um desenho com os seguintes elementos: uma queda, uma espada, um refúgio, um monstro devorador, algo cíclico (que gire, produz, que progride), um personagem, água, um animal (ave, réptil, mamífero), fogo.

Figura 64 – Protocolo de pesquisa número 3

Fonte: protocolo de pesquisa (2024)

2. Explique o seu desenho:

"Um cavaleiro subiu numa montanha para matar um dragão. Ele usou o seu chicote para alcançá-lo, se pendurando nele. Ele então fincou sua espada na barriga da besta fazendo os dois caírem em direção a um lago de uma fazenda humilde que fica perto de uma floresta com uma plantação, alguns animais, uma carroça e uma casa aconchegante de um fazendeiro muito preocupado com o que está acontecendo."

3. Responda de modo preciso às seguintes questões:

a. Sobre que ideia você centrou a sua composição?

R - "A do 'monstro terrível' e 'espada'. Sim, eu fiquei em dúvida em como representar o 'elemento cíclico', então acabei que implementando o chicote, vento e uma carroça."

b. Você foi eventualmente inspirado? Através de que (leitura, filme etc.)?

R - "Estórias medievais, a concepção de um cavaleiro das cruzadas e Indiana Jones."

c. Entre os nove elementos do texto de sua composição, indique:

1. Os elementos essenciais em torno dos quais você construiu o desenho:

R - "Dragão, espada e cavaleiro."

2. Os elementos que você teria vontade de eliminar, por quê?

R - "Floresta e rio, não acabaram servindo muito para o desenho final."

d. Como acaba a cena que você imaginou?

R - "Com os dois caindo no lago e o cavaleiro sendo acolhido pelo fazendeiro e o dragão morto (por ter suportado a queda)."

e. E - Se você tivesse que participar da cena, onde você estaria? O que você faria?

R - "Na montanha, seria um arqueiro que veio ajudar."

O protocolo número 3 (Figura 64) apresenta uma estrutura de sensibilidade heroica, em que a figuração realizada presentifica o confronto, por meio do triângulo simbólico (personagem, espada e monstro). A função da espada é figurada em destaque na composição.

"Um cavaleiro subiu numa montanha para matar um dragão. Ele usou o seu chicote para alcançá-lo, se pendurando nele. Ele então fincou sua espada na barriga da besta fazendo os dois caírem em direção a um lago de uma fazenda humilde que fica perto de uma

floresta com uma plantação, alguns animais, uma carroça e uma casa aconchegante de um fazendeiro muito preocupado com o que está acontecendo."

A composição heroica apresenta a estrutura heroica clássica e solar, que pode ser apresentada sob a forma canônica: personagem => mata => monstro. Observa-se que a composição é estruturada com base no triângulo simbólico do heroísmo (personagem, espada e monstro), com acentuado destaque para o papel simbólico da espada (**fincou sua espada na barriga da besta**).

É possível observar no protocolo a presença dos componentes fundamentais de toda estrutura de sensibilidade do imaginário, identificadas por Gilbert Durand (1997, p. 406): a transcendência do eufemismo na cultura, a espacialização do simbolismo e a atualização de arquétipos universais.

"Um cavaleiro subiu numa montanha para matar um dragão. Ele usou o seu chicote para alcançá-lo, se pendurando nele. Ele então fincou sua espada na barriga da besta fazendo os dois caírem em direção a um lago de uma fazenda humilde que fica perto de uma floresta com uma plantação, alguns animais, uma carroça e uma casa aconchegante de um fazendeiro muito preocupado com o que está acontecendo."

A presença do eufemismo no protocolo número 3 é manifestada pelo respondente, através da projeção, em que a cena se conclui: **"com os dois caindo no lago e o cavaleiro sendo acolhido pelo fazendeiro e o dragão morto (por ter suportado a queda)."** A queda é figurada como a causa da morte do monstro, o que retira a responsabilidade do personagem-cavaleiro.

O conjunto de símbolos arquetípicos do imaginário heroico (ascensionais, diairéticos e espetaculares) estão presentes no protocolo número 3. A oposição e a separação heroicas estão articuladas pela atualização dos arquétipos, por meio dos símbolos constelados:

a. Verticalidade ascensional (**"Um cavaleiro subiu numa montanha"**);

b. Separação diairética (**"Ele então fincou sua espada na barriga da besta"**);

c. Figuração espetacular ("[fogo no] **bafo do dragão**").

Na espacialização dos arquétipos no protocolo número 3 destacam-se os elementos simbólicos conectados diretamente através do triângulo heroico (personagem, espada e monstro), e inexiste uma função significativa para o arquétipo do refúgio na representação do confronto.

A esse respeito, Yves Durand (1988, p. 89) indica características de protocolos em que existe a ausência da figuração de elementos simbólicos:

> Os arquétipos de base (monstro-espada-personagem) são figurados em um papel funcional necessário ao drama heróico. Em oposição, alguns elementos podem estar ausentes. O autor da composição estimou que esses elementos não apresentam um papel útil e julgou preferível não os representar. Esse pode ser o caso da queda, do refúgio, do elemento cíclico, da água ou do animal.

O elemento cíclico é representado como um elemento de apoio ao confronto (o chicote) e os elementos ausentes estão em conformidade com a observação citada. Entretanto, é possível concluir que o respondente-autor do protocolo número 3 considera que os recursos disponibilizados (espada e chicote) não são suficientes para fazer frente aos obstáculos a enfrentar, na medida em que a causa da morte do monstro é atribuída à queda, e não à ação do personagem-cavaleiro.

A figuração é coerente e o respondente-autor não se abstém de se implicar na situação dramática, ao atribuir um local para si na narrativa: **"na montanha, seria um arqueiro que veio ajudar".**

O protocolo número 3 (Figura 64), considerando o conjunto de formas expressivas do imaginário identificadas por Yves Durand (1988, 2005), classifica-se como super heroico.

Yves Durand define (1988, p. 89) que o super-heroísmo se manifesta no protocolo em que "o acento existencial do combate é comumente formulado como uma necessidade vital para o herói (defesa contra um dano pressionador), o que resulta em uma hipertrofia do papel funcional dos três arquétipos de base (Personagem, Espada e Monstro) em relação aos outros seis arquétipos do protocolo".

O arquétipo do Refúgio ("casa do fazendeiro") está integrado, em um papel secundário, ao imaginário heroico e o elemento cíclico reforça a natureza presente do confronto: **"Ele usou o seu chicote para alcançá-lo, se pendurando nele".**

Figura 65 - Síntese dos resultados (protocolo número 3)

Elemento	Imagem	Função	Simbolismo	Vida/Morte
1 - Queda	Personagem caindo	Movimento	Sacrifício	*Morte*
2 - Espada	Espada com personagem	Morte	Vontade	*Morte*
3 - Refúgio	Casa	Residência	Segurança	Vida
4 - Monstro	Dragão	Terror	Mal	*Morte*
5 - Cíclico	Chicote	Arma	Restrição	Vida
6 - Personagem	Cavaleiro	Matador	Obrigação	Vida
7 - Água	Lago	Obstáculo	Deus	Vida
8 - Animal	Vaca e ovelha	Fazenda	Ociosidade	Vida
9 - Fogo	Bafo do dragão	Ferocidade	Mal	*Morte*

Fonte: o autor (2024)

A composição figura uma forma de heroísmo acentuada, com predomínio do confronto direto, e sugere-se um final alternativo (**"Ele então fincou sua espada na barriga da besta fazendo os dois caírem em direção a um lago..."**).

Figura 66 – Intensidade do conflito no protocolo número 3

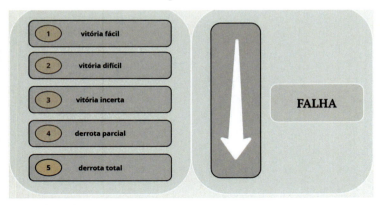

Fonte: o autor (2024)

A escala de intensidade do conflito figurado (Figura 66) nesse protocolo heroico indica um grau baixo de desconforto existencial, pois a cena dramatizada no protocolo desloca os elementos simbólicos para o *nível 1* de desconforto. O herói da cena encontra-se em situação de *vitória fácil*, pois resolve o confronto com os próprios meios (espada e chicote) e não necessita do apoio de um adjuvante.

6.1.3.1 Inquiridor Gráfico (IG)

A busca de imagens relacionadas ao conceito de INCLUSÃO elabora o processo de construção da conexão entre o concreto e o abstrato, em que, conforme Lackovic (2020b): "um desenho ou um modelo pode ser empregado para ajudar a imaginação, mas o essencial é o ato de imaginar".

O conjunto de imagens selecionadas expressa a visualidade dos aspectos do imaginário representado no teste AT9, em que o heroísmo carrega elementos místicos de um enfrentamento entre o bem e o mal. O Cavaleiro (figuração do bem) enfrenta a Besta (figuração do mal). O protocolo AT9 não apresenta a suavização do confronto, mas apresenta a queda como a causa da morte do monstro, amenizando a responsabilidade do Cavaleiro que fere o monstro com a espada.

Figura 67 – Cadeia de imagens (protocolo número 3)

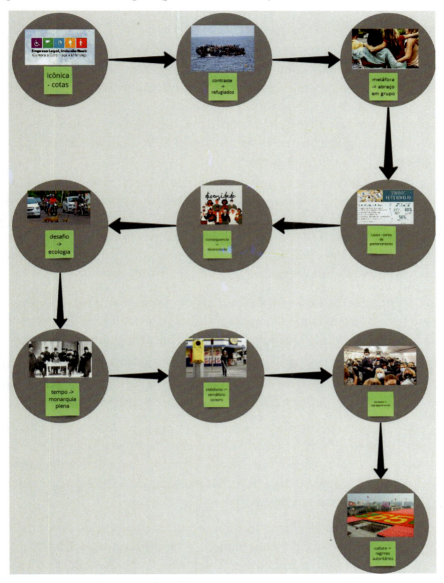

Fonte: protocolo de pesquisa (2024)

No conjunto de imagens construído pelo respondente do protocolo são apresentados aspectos da construção de ligações entre os símbolos figurados (pessoas abraçadas, consciência ecológica), cenas elaboradas com situações de confronto à existência comunitária (barco cheio de refugiados, pessoas em uma parada militar) e representação da comunidade de todos os seres vivos (consciência ecológica).

As imagens (Figura 67) apresentam características propostas por Gilbert Durand (1997) como elementos da lógica mística (acolhimento, conectividade e realismo). A relação entre o imaginário heroico representado no teste AT9 e os elementos simbólicos do imaginário místico presentes nas imagens do Inquiridor Gráfico se liga a inserção de elementos simbólicos de figuração mítica no protocolo AT9, quando o respondente associou a água à representação de Deus.

Do ponto de vista da investigação do conceito de INCLUSÃO, o respondente encontrou imagens significativas dos aspectos representativos das classes de imagens (icônicas, opositivas, metáforas, cotidianas e históricas). Foi possível identificar um desenvolvimento progressivo do senso crítico em relação aos aspectos pesquisados e figurados nos comentários adicionados às imagens selecionadas.

- Imagem de exclusão - um barco lotado com refugiados tomba no mar: "Refugiados são o exemplo mais claro de excluídos, visto que não acham abrigo nem em sua terra natal nem para onde fogem";

- Imagem do cotidiano - cena de um avião cheio: "como um negócio privado, é necessário diferenciar os serviços oferecidos por diferentes preços, o que gera um certo segregacionismo";

- Imagem do cotidiano - uma pessoa cega cruzando uma faixa de pedestre: "Embora duvide das capacidades reais de inclusão por nunca ter presenciado o uso, o semáforo para pedestres cegos é algo que vejo no dia a dia como exemplo da tentativa de inclusão nos diversos ambientes";

- Imagem de desafio à inclusão - animais atravessando uma faixa de pedestres e veículos aguardando: "A expansão da ocupação humana nos diversos ambientes gera contatos e sobreposição com a vida silvestre, o que deve ser tratado com bastante cuidado e paciência".

O processo de articulação entre as imagens selecionadas de forma autônoma pelo participante ajuda a comprovar observações mais gerais sobre a conexão entre a racionalidade individual e a estrutura de sensibilidade do imaginário a que o sujeito encontra-se ligado (Ferreira-Santos, 2012, p. 137):

> Desse ponto de vista, as abstrações racionais derivam da concretude dessa imagens, que são imutáveis, o que acarreta dizer que os produtos racionais do pensamento (conceitos, concepções, fórmulas) originam-se do imaginário e, por mais que se busque apagar suas imagens de origem, permanecem, ainda que destituídas de pregnância simbólica, ligadas a ele.

O processo de busca referido, que atualiza os aspectos complementares e opostos do conceito de INCLUSÃO, nos auxilia a entender que a racionalidade lógica é uma manifestação do pensamento desenvolvido no interior de um imaginário.

6.1.3.2 Teste Arquetípico de Lugar (ATL.9)

O respondente elaborou um conjunto particular de ícones (Figura 56) para representar os arquétipos do teste ATL.9:

- Personagem: ícone de pessoa;
- Queda: ícone de um personagem em queda;
- Monstro Devorador: ícone de máscara vermelha com chifres, dentes amarelos e olhos abertos;
- Animal: ícone de uma pegada de animal;
- Fogo: ícone de chama vermelha;
- Água: ícone de gota azul;
- Espada: ícone de uma espada com a lâmina para baixo;
- Elemento Cíclico: ícone de um anel dourado;
- Refúgio: ícone de um sofá.

Figura 68 – Legenda ATL 9 (protocolo número 3)

Fonte: o autor (2024)

Os arquétipos foram situados no ambiente da instituição de ensino (Figura 69), seguindo a lógica do heroísmo, presente no protocolo AT9. O Refúgio, instalado no espaço físico da área de descanso do ambiente escolar, foi figurado como espaço de proteção e de repouso.

Os arquétipos se distribuem em dois núcleos:

- O primeiro espaço conecta os arquétipos da Espada, do Elemento Cíclico e do Animal;
- O segundo, relacionado ao Refúgio, conecta os arquétipos do Fogo e da Água.
- Os arquétipos da Queda e do Monstro foram eufemizados sob a forma de uma descida de escada (Queda) e de um grafite desenhado na parede (Monstro Devorador).

O modo como os arquétipos foram simbolizados permite situar as duas posições de identidade: a figuração de um "EU" (identidade) em oposição a um "ELES" (alteridade). A representação do "EU" corresponde ao estudante com TEA, do sexo masculino e do curso de Ciência da Computação. A representação do "ELES" corresponde aos estudantes neurotípicos do sexo masculino do curso de Ciência da Computação.

6.1.3.3 Representação do espaço compartilhado - ATL.9

Figura 69 – Representação do ambiente de estudo

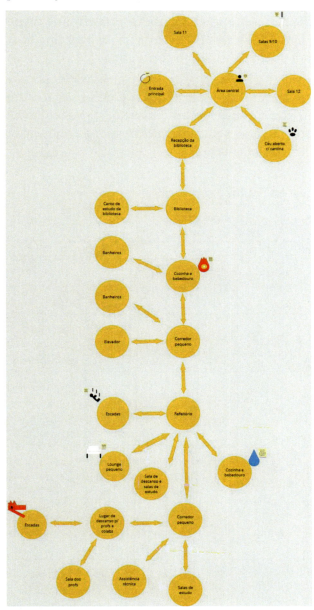

Fonte: protocolo de pesquisa (2024)

No arquétipo da Espada é figurada a identidade do grupo (**"é aqui onde a luta de muita gente acontece (aula/prova)."**), com a qual o aluno com TEA não se identifica. Essa perspectiva de projeção é reforçada pela instalação do arquétipo do Personagem, no espaço designado como área central (**"é sempre onde há a maior quantidade de pessoas."**). O respondente, figurado como "EU", não se sente participando do grupo de estudantes com quem interage no cotidiano.

O respondente figura a própria posição no local onde figurou o Refúgio: um sofá na área de lazer, (**"dos lugares que eu botei aqui, aqui é pra onde eu vou quando estou cansado."**). Essa é uma maneira de eufemizar o isolamento/exclusão que corresponde à ausência de ligações continuadas fora da sala de aula.

Figura 70 – Síntese dos resultados (protocolo número 3)

Elemento	Ícone	Localiza-ção	Simbolismo	Vida/Morte
1 - Queda	Corpo caindo	Escada refeitório	"Coloquei a queda aqui porque é o que acontece quando se desce as escadas (uma queda controlada)."	Vida
2 - Espada	Espada simples	Sala de aula 9/10	"Coloquei a espada aqui porque é aqui onde a luta de muita gente acontece (aula/prova)."	Vida
3 - Refúgio	Sofá	Lounge pequeno	"Coloquei o refúgio aqui porque, dos lugares que eu botei aqui, aqui é pra onde eu vou quando estou cansado."	Vida
4 - Monstro	Dragão vermelho	Escada sala dos professores	"Coloquei o monstro aqui porque tem um grafite na parede que mostra um dragão."	*Morte*
5 - Cíclico	Círculo	Catraca da entrada	"Coloquei o elemento cíclico aqui por causa do movimento das catracas."	Vida
6 - Personagem	Figura humana	Área central	"Coloquei o personagem aqui porque é sempre onde há a maior quantidade de pessoas."	Vida

Elemento	Ícone	Localiza-ção	Simbolismo	Vida/ Morte
7 - Água	Gota azul	Cozinha e bebedouro	"Coloquei a água aqui porque muita gente bebe do bebedouro."	Vida
8 - Animal	Pegada de animal	Céu aberto com cantina	"Coloquei o animal aqui por causa dos peixes, pássaros e lagartixas que passam por aqui."	Vida
9 - Fogo	Chama vermelha	Cozinha e bebedouro	"Coloquei o fogo aqui por causa dos microondas daqui e como eu sempre faço minha comida fumegar com eles na hora do almoço."	Vida
CORRELAÇÃO VIDA/MORTE (89%/11%)				8/1

Fonte: o autor

A predominância da figuração (Figura 70) de um simbolismo de vida (**89%**) para o aluno com TEA no espaço escolar indica a existência de um ambiente considerado seguro para a estratégia de isolamento elegida como a forma predominante de atuação: **"Coloquei o refúgio aqui porque, dos lugares que eu botei aqui, aqui é pra onde eu vou quando estou cansado."** e **"Coloquei o fogo aqui por causa dos microondas daqui e como eu sempre faço minha comida fumegar com eles na hora do almoço.".** Não existem referências a atividades cooperativas ou colaborativas fora do contexto da sala de aula.

6.1.3.4 Síntese do protocolo de pesquisa número 3 - ATL9

A distribuição dos arquétipos no espaço figurado no ATL.9 foi construída em uma forma integrada, em que se figura a identidade do grupo ("ELES") em um espaço externo, com os arquétipos do Personagem e da Espada, e a identidade própria ("EU") foi figurada no espaço mais interior, onde foi situado o Refúgio.

A representação imaginária do espaço figura uma área em que os processos imitam a natureza, com grupos divididos e ciclos de busca de água e fogo, ao redor do refúgio, e enfrentamentos periódicos nas áreas mais afastadas do local protegido. O respondente não se identifica com o grupo que encontra nos enfrentamentos cotidianos e imagina-se no isolamento na proteção do refúgio.

A figuração do arquétipo do Monstro Devorador é realizada pela representação de uma pintura na parede (um monstro que não oferece perigo). O movimento imaginário figurado pelo sujeito é um movimento para dentro ou em direção ao centro, que caracteriza uma estrutura de sensibilidade mística. Essa representação carrega os elementos simbólicos do imaginário místico integrados à representação de cenas de confronto, formando um imaginário heroico integrado.

a. Os arquétipos que dirigem a ação imaginária no espaço:

- O arquétipo da Espada foi figurado na sala de aula e marca o principal local de confronto do grupo que o aluno não participa ("ELES");

- O arquétipo do Elemento Cíclico foi figurado no local de acesso, com uma conotação reinício (**"Coloquei o elemento cíclico aqui por causa do movimento das catracas."**);

- O arquétipo do Refúgio foi figurado como um sofá, no espaço de descanso da instituição de ensino: **"Coloquei o refúgio aqui porque, dos lugares que eu botei aqui, aqui é pra onde eu vou quando estou cansado."**

b. Os arquétipos de apoio, de conteúdo polimorfo e polissêmico figuram a busca de proteção no espaço imaginado:

- O arquétipo do Animal foi figurado como uma pegada: **"Coloquei o animal aqui por causa dos peixes, pássaros e lagartixas que passam por aqui."**;

- O arquétipo da Água foi representado no espaço da cozinha: **"Coloquei a água aqui porque muita gente bebe do bebedouro."**;

- O arquétipo do Fogo foi representado no espaço da cozinha: **"Coloquei o fogo aqui por causa dos microondas daqui e como eu sempre faço minha comida fumegar com eles na hora do almoço."**

c. Os arquétipos que expressam a angústia existencial e a passagem do tempo relacionam-se com as situações de desconforto:

- O arquétipo do Monstro Devorador expressa a angústia sob a forma não ameaçadora de uma pintura: **"Coloquei o monstro aqui porque tem um grafite na parede que mostra um dragão."**;

- O arquétipo da Queda reforça uma condição de expectativa desconfortável, mas foi atenuado na forma de um movimento controlado: **"Coloquei a queda aqui porque é o que acontece quando se desce as escadas (uma queda controlada)."**

d. O arquétipo do Personagem, que suporta a projeção do respondente, figura a separação/isolamento contra interações tensas: **"Coloquei o personagem aqui porque é sempre onde há a maior quantidade de pessoas."**.

O arquétipo do Refúgio desempenha um papel preponderante na dramatização da angústia cotidiana. Encontra-se projetado em uma área de isolamento (sofá) como modo de figurar a inquietação do autor, causada pelo compartilhamento de um espaço externo inseguro e pelo recolhimento em um espaço pessoal e confiável. Corresponde a uma fuga em busca de proteção.

O deslocamento imaginário expressa os traços dos embates cotidianos: o afastamento em relação ao grupo; o uso de recursos dos técnicos (bebedouro/micro-ondas), o isolamento das interações conflituosas nos espaços de convivência e a angústia reduzida no espaço pessoal. O deslocamento imaginário se restringe ao percurso entre a sala de aula, a cozinha e o sofá.

A identificação positiva com o espaço figurado fica demonstrada pela correlação positiva, em um alto grau, entre as forças positivas e as forças negativas (89%/11%). Esse desencontro, entre a desidentificação às posições do grupo e uma identificação positiva ao espaço figurado, ocorre porque o respondente não se identifica com os enfrentamentos heroicos do grupo (**"é sempre onde há a maior quantidade de pessoas"**), mas identifica para si posições seguras de repouso (**"aqui é pra onde eu vou quando estou cansado"**).

O respondente figura um espaço dividido: uma área de confronto, predominantemente heroica, e uma área de repouso, predominantemente mística. No espaço heroico há a presença do grupo de estudantes neurotípicos ("ELES") e no espaço místico de repouso o próprio estudante com TEA ("EU"). O respondente se figura em um isolamento confortável entre os homens neurotípicos. Essa confiança no uso do espaço indica que o espaço é predominantemente masculinizado.

6.1.4 Protocolo de pesquisa número 4 - Teste AT9 (professora)

Professora, 40 anos, gênero feminino, cor branca, ministrando a disciplina de Projeto de Pesquisa nas turmas de Design e Ciência da Computação. Neurotípica.

Realizou o Teste AT9 em 30 minutos.

1. Compor um desenho com os seguintes elementos: uma queda, uma espada, um refúgio, um monstro devorador, algo cíclico (que gire, produz, que progride), um personagem, água, um animal (ave, réptil, mamífero), fogo.

Figura 71 – Protocolo de pesquisa número 4

Fonte: protocolo de pesquisa (2024)

2. Explique o seu desenho (Figura 71):

"Resolvi não pensar muito sobre os elementos e seus significados logo no início e parti para desenhá-los sem preocupação com a lógica. Em seguida desenhei o refúgio como os elementos que resolvi unir. Ao final, observando, percebi que a forma como eu tinha desenhado dava a impressão de um personagem lutando e se equilibrando para não cair e sonhando com o seu refúgio."

3. Responda de modo preciso às seguintes questões:

   a. Sobre que ideia você centrou a sua composição?

   R - "No começo não havia uma ideia central. Em um momento pensei em colocar o animal cuspindo fogo, mas já havia desenhado o fogo."

   b. Você foi eventualmente inspirado? Através de quê (leitura, filme etc.)?

   R - "Não que eu lembre."

   c. Entre os nove elementos do texto de sua composição, indique:

   1. Os elementos essenciais em torno dos quais você construiu o desenho:

   R - "Fogo, refúgio"

   2. Os elementos que você teria vontade de eliminar, por quê?

   R - "Nenhum. Eu me entreguei à proposta."

   d. Como acaba a cena que você imaginou?

   R - "Com o personagem vencendo o monstro e chegando ao refúgio. No outro dia, ele voltaria a lutar com o monstro, venceria novamente, e assim seguia a vida."

   e. Se você tivesse que participar da cena, onde você estaria? O que você faria?

   R - "Eu lutaria contra o monstro para ajudar o personagem."

O protocolo número 4 (Figura 71) apresenta a estrutura de sensibilidade dramática ou sintética, em que ocorre a figuração de duas formas do imaginário, a figuração do confronto em um cenário, por meio do triângulo simbólico (personagem, espada e monstro), e a figuração do repouso em um segundo cenário, no qual se destaca o arquétipo do refúgio. A função da espada está em destaque na composição de um dos cenários e o refúgio é o núcleo da figuração complementar. A cena pode ser figurada em uma ordem inversa, na qual a personagem é figurada enquanto descansa para sair e enfrentar o perigo. O drama está figurado na dualidade, a passagem do confronto ao repouso ou do repouso ao confronto.

"Resolvi não pensar muito sobre os elementos e seus significados logo no início e parti para desenhá-los sem preocupação com a lógica. Em seguida desenhei o refúgio como os elementos que resolvi unir. Ao final, observando, percebi que a forma como eu tinha desenhado dava a impressão de um personagem lutando e se equilibrando para não cair e sonhando com o seu refúgio."

Esse direcionamento está de acordo com a teoria do imaginário de Gilbert Durand (1988, p. 102), que identifica o arquétipo do tempo como o ordenador das figurações dos microuniversos sintéticos ou dramáticos:

> A diferenciação em microuniversos se efetua a partir da organização *temporal* das sequências (sucessão ou simultaneidade) e do 'vivido' mítico - o qual pode estar muito próximo do engajamento *existencial* cotidiano ou, pelo contrário, se elevar a um ensaio de compreensão do *simbólico* da existência do Homem (grifos do autor).

Uma composição dramática figura uma estrutura heroica clássica e uma estrutura mística, por meio de dois microuniversos opostos e conectados através do tempo. A forma figurada reúne as duas microestruturas: personagem => enfrenta => monstro e personagem => descansa => refúgio.

A figuração pode realizar reordenações dos microcenários, tais como: uma cena vivida e outra sonhada ou uma cena imaginada e outra vivida, ou duas cenas vividas com temporalidades diferentes. É possível observar, no protocolo número 4, a composição do microuniverso heroico, estruturada com base no triângulo simbólico do heroísmo (**"um personagem lutando e se equilibrando"**), e a composição do microuniverso místico, figurada com destaque para o papel simbólico do refúgio (**"sonhando com o seu refúgio"**). Os símbolos figurados em cada cenário são os elementos definidores: uma espada, no microuniverso heroico, e uma casa, no microuniverso místico.

Em cada um desses microuniversos que compõem a forma dramática será possível identificar a presença dos componentes fundamentais de toda estrutura de sensibilidade do imaginário, apontadas por Gilbert Durand (1997, p. 406): a transcendência do eufemismo, a espacialização do simbolismo e a atualização de arquétipos universais.

"Resolvi não pensar muito sobre os elementos e seus significados logo no início e parti para desenhá-los sem preocupação com a lógica. Em seguida desenhei o refúgio como os elementos que resolvi unir. Ao final, observando, percebi que a forma como eu tinha desenhado dava a impressão de um personagem lutando e se equilibrando para não cair e sonhando com o seu refúgio."

O eufemismo está manifestado no protocolo número 4, através da negação da morte, em um conjunto de confrontos que se resolvem e se repetem na cena figurada: **"Com o personagem vencendo o monstro e chegando ao refúgio. No outro dia, ele voltaria a lutar com o monstro, venceria novamente, e assim seguia a vida"**. É possível identificar a importância da temporalidade na elaboração do cenário. O tempo cíclico e a duração compõem o tecido da construção simbólica dramática.

Os símbolos constelados dos dois microuniversos constitutivos encontram-se representados no microuniverso dramático ou sintético, com o predomínio daquele que é o mais representativo para a respondente.

O subconjunto de elementos simbólicos do imaginário heroico (ascensionais, diairéticos e espetaculares) estão presentes na cena heroica. A oposição e a separação heroicas estão articuladas nos símbolos constelados:

a. Verticalidade ascensional e o risco da queda (**"se equilibrando para não cair"**);

b. Separação diairética (**"um personagem lutando"**);

c. Figuração espetacular (fogo no refúgio do monstro).

O subconjunto de símbolos e arquétipos do imaginário místico (negação, inversão e intimidade) também estão presentes no protocolo número 4. O acolhimento e a conexão mística entre todas as coisas estão articulados na constelação dos símbolos do microuniverso místico:

a. Negação do confronto (**"sonhando com o seu refúgio"**);

b. Conexão viscosa (figuração da água corrente);

c. Figuração da intimidade (a casa com a rede).

A conexão entre os dois microuniversos é acentuada pelo elemento cíclico, assinalado na passagem do tempo na roda do moinho e pela percepção de um movimento diacrônico que regula a passagem do heroico ao místico e do místico ao heroico, em fases alternadas.

É importante observar que cada um dos dois microuniversos possui uma coerência completa. A ação situa-se no interior do imaginário heroico: **"um personagem lutando e se equilibrando para não cair"**.

Os microuniversos dramáticos/sintéticos apresentam-se no protocolo AT9 sob duas formas possíveis: os microuniversos sintéticos existenciais e os microuniversos sintéticos simbólicos, conforme figurem cenas cotidianas ou simbolizações abstratas. Nas cenas existenciais, o cotidiano do personagem é figurado e tem duração curta; nas construções simbólicas, abstratas, o personagem representado é a humanidade, o desejo e os trabalhadores, e a duração do tempo figurado é longa.

É importante observar que o personagem não poderá estar nos dois microuniversos ao mesmo tempo. A ocupação é sequencial. A esse respeito, Yves Durand (1988, p. 102–123) pontua:

> Os arquétipos de base (monstro-espada-personagem) são figurados em um papel funcional necessário ao drama heróico. Em oposição, alguns elementos podem estar ausentes. Onde o autor da composição estimou que esses elementos não apresentam um papel útil e julgou preferível não os representar. Esse pode ser o caso da queda, do refúgio, do elemento cíclico, da água ou do animal.

Essa hipertrofia do microuniverso heroico leva a uma figuração em que os outros elementos sofrem um deslocamento para a área do microuniverso místico, deixando o microuniverso heroico com um triângulo heroico destacado. No protocolo número 4, o arquétipo do refúgio encontra-se duplicado sob a forma do refúgio do monstro, no microuniverso heroico, e do refúgio do herói no microuniverso místico.

A figuração do protocolo número 4 é coerente e a respondente encontra-se implicada nas situações figuradas nos dois microuniversos. Ao atribuir-se um local na narrativa, acentua o caráter temporalizado das cenas que constituem o imaginário dramático: **"Com o personagem vencendo o monstro e chegando ao refúgio. No outro dia, ele voltaria a lutar com o monstro, venceria novamente, e assim seguia a vida."**

Figura 72 – Síntese dos resultados (protocolo número 4)

Elemento	Imagem	Função	Simbolismo	Vida/Morte
1 - Queda	Personagem caindo	Dificuldade	Problema	*Morte*
2 - Espada	Espada com personagem	Arma	Força	Vida
3 - Refúgio	Casa	Desejo	Porto seguro	Vida
4 - Monstro	Cobra	Vilão	Desafio	*Morte*
5 - Cíclico	Chuva	Irrigação	Tranquilidade	Vida
6 - Personagem	Homem	Principal	Alguém que luta	Vida
7 - Água	Queda d'água	Energia	Força motriz	Vida
8 - Animal	Cobra	Vilão	Dificuldade	*Morte*
9 - Fogo	Fogo	Casa da cobra	Perigo, medo	*Morte*

Fonte: o autor (2024)

O protocolo número 4 (Figura 71) é uma figuração dramática diacrônica, porque as ações de enfrentamento e descanso ocorrem de forma sucessiva, ou na categorização de Yves Durand (1988, 2005), como "duplo-existencial diacrônico".

Figura 73 – Intensidade da angústia no protocolo número 4

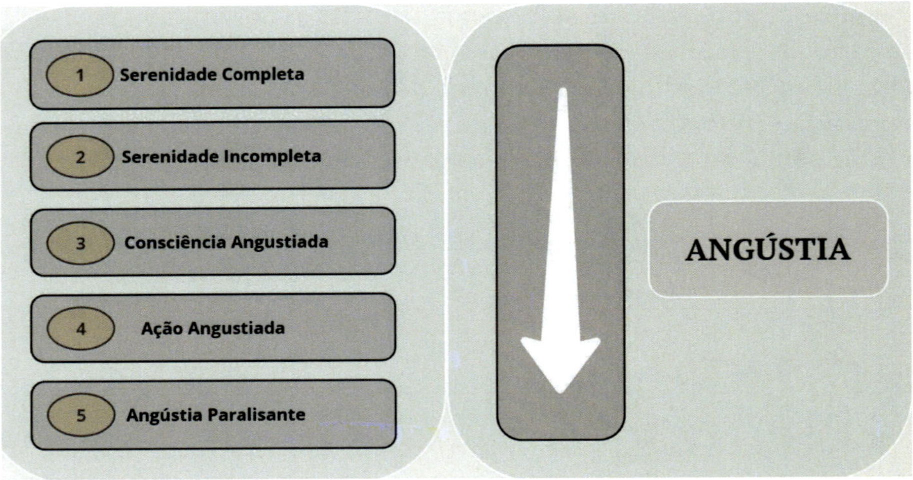

Fonte: o autor (2024)

A escala de intensidade da angústia figurada (Figura 73) nesse protocolo dramático indica um grau baixo de desconforto existencial, uma vez que a cena dramatizada desloca a representação da angústia para o *nível 3*. O herói da cena encontra-se em situação de *consciência angustiada* e equilibra a existência entre momentos de confronto e de repouso.

6.1.4.1 Inquiridor Gráfico (IG)

A ligação da respondente com as imagens do próprio imaginário é mobilizada pelos afetos, desencadeados na pesquisa dos aspectos do conceito de INCLUSÃO. A trilha de imagens produzida pela professora se apresenta com a mesma qualidade e forma das imagens localizadas pelos alunos com Transtorno do Espectro Autista (TEA). Essas trilhas passam a compor um repositório acessível e compartilhável que pode fundamentar atividades transdisciplinares de produção de conhecimento.

Figura 74 – Cadeia de imagens (protocolo número 4)

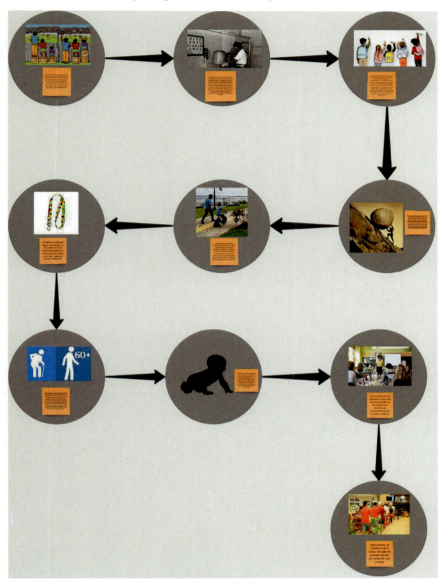

Fonte: protocolo de pesquisa (2024)

A Figura 74 apresenta a trilha de imagens construída no protocolo de pesquisa número 4 (Figura 71) e permite observar o modo como o imaginário dramático cria pontos de ancoragem, ou vieses, no processo de busca realizado durante a atividade de pesquisa. A alternância entre um polo heroico e um polo místico está replicada nas imagens pesquisadas pela respondente, sem que houvesse qualquer relação entre a atividade antecedente e a subsequente.

Figura 75 – Arquétipo do herói

Fonte: protocolo de pesquisa (2024)

O imaginário dramático, ao qual a voluntária encontra-se conectada, produz imagens alternadas de enfrentamento heroico (Figura 75) e de proteção mística (Figura 76). A trilha de imagens produzida durante a pesquisa replica a alternância das imagens que simbolizam o núcleo heroico e o núcleo místico da pesquisa. A quarta imagem, que se refere à figura mítica de Sísifo, e a oitava imagem, que simboliza o acolhimento místico, correspondem ao aspecto de PRÉ-REQUISITO e METÁFORA do conceito de INCLUSÃO.

Figura 76 – Arquétipo do acolhimento

Fonte: protocolo de pesquisa (2024)

A imagem do homem que empurra a pedra em direção ao alto da montanha remete ao mito heroico de Sísifo e é acompanhada pelo comentário da respondente-autora sobre a condição percebida como pré-requisito para a existência da inclusão:

"Para a inclusão acontecer é preciso vontade e trabalho duro."

A imagem definida, resgatada como metáfora da inclusão, remete ao aspecto da conexão e formação de comunidades organizadoras do aspecto definidor do profundo que caracteriza o imaginário místico, um movimento em direção ao centro e um aprofundamento para a construção da identidade (Figura 76). Como ocorre na expressão da respondente-autora a respeito da importância de uma criança recém-nascida na unidade familiar: "Logan fortaleceu o conceito de Aldeia da minha família".

Observa-se que a conexão entre os aspectos do imaginário individual e do imaginário social formam, por meio das imagens, a estrutura de construção do conceito. A conexão entre os resultados do Teste Antropológico e do Inquiridor Gráfico permite identificar o modo como a elaboração conceitual é afetada pelo processo de contato do indivíduo com o próprio patrimônio imaginal e marcada pela estrutura de sensibilidade do imaginário.

6.1.4.2 Teste Arquetípico de Lugar (ATL.9)

A respondente situou os arquétipos nos espaços da instituição de ensino de acordo com uma lógica do imaginário dramático, em momentos sucessivos de confronto e refúgio. A figuração do "EU" no protocolo ATL.9 foi realizada de uma forma duplicada: os arquétipos da Espada e do Refúgio figuram de forma alternada.

Figura 77 – Legenda ATL 9

Fonte: o autor (2024)

A respondente-autora elaborou um conjunto particular de ícones (Figura 77) para representar os arquétipos do teste ATL9 e dispôs-nos sobre o nome dos arquétipos:

- Personagem: ícone de pessoa;
- Queda: ícone de cometa caindo e símbolo do autismo;
- Monstro Devorador: ícone de máscara de dragão vermelha;
- Animal: ícone de cabeça de porco rosa;
- Fogo: ícone de chama vermelha;
- Água: ícone de gota azul;
- Espada: ícone de espadas cruzadas com a lâmina para cima;
- Elemento Cíclico: ícone de setas verdes em triangulação;
- Refúgio: ícone de casa com árvore.

A representação simbólica instaura um sujeito desdobrado, uma personagem que luta pela inclusão e uma observadora dos processos que podem causar segregação entre alunos neurotípicos e neurodivergentes:

a. A figuração da professora em luta atualiza um drama cíclico, na sala dos professores (**"Aqui as batalhas são travadas"** ou **"discursos preconceituosos e excludentes que não fazem**

mais sentido nos dias de hoje.") e no local de repouso (**"Este espaço é um porto seguro, onde eu encontro outras pessoas que tem pensamentos semelhantes ao meu."**);

b. A figuração da observadora que escrutina, acompanha o drama da constituição da identidade pelos jovens com TEA em confronto com os jovens neurotípicos:

- (**"Nos espaços de convivência a segregação ainda é mais forte."**);

- (**"durante os trabalhos em grupo, as pessoas são segregadas de acordo com o que podem oferecer ao grupo e os estudantes com TEA podem ser considerados mais 'fracos'."**).

Os arquétipos indutores da ação (Espada, Refúgio e Elemento Cíclico) estão relacionados à projeção da respondente:

- Espada (**confronto de ideias**);

- Refúgio (**apoio psicológico**);

- Elemento Cíclico (**relação periódica com os estudantes**).

Os arquétipos da angústia existencial e da passagem do tempo (Queda e Monstro) relacionam-se com as dificuldades enfrentadas nos processos educacionais no ambiente on-line.

Os arquétipos polimórficos e polissêmicos (Animal, Água e Fogo) estão relacionados com os desafios da construção do saber e da superação de formas de segregação persistentes na relação entre alunos com Transtorno do Espectro Autista (TEA) e alunos sem o transtorno.

O modo como os arquétipos foram simbolizados no espaço da escola permite situar as posições de identidade: um "NÓS" (professores) e um "ELES" (alunos com TEA). O drama se desdobra nos confrontos cotidianos entre os envolvidos com a potencialização dos alunos com TEA e os desafios que os alunos com TEA enfrentam na relação com os outros grupos de alunos.

6.1.4.3 Representação do espaço compartilhado - ATL9

Figura 78 – Ambiente de pessoal (protocolo número 4)

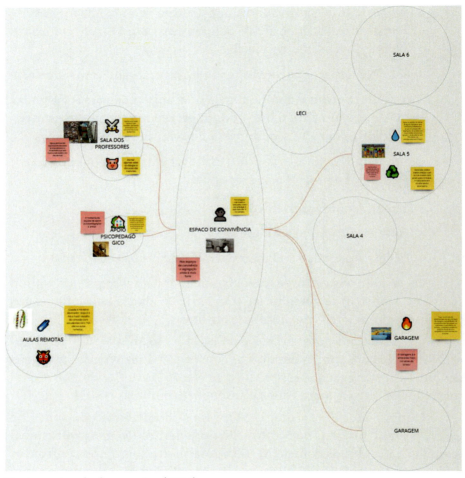

Fonte: protocolo de pesquisa (2024)

O ambiente institucional (Figura 78) compartilhado foi simbolizado como um lugar de construção de identidades e de confrontos identitários. O espaço ligado à identidade do professor está formado pela sala dos professores e a sala de apoio pedagógico, e o espaço ligado à construção da identidade dos alunos está figurado na sala de aula e no laboratório de experimentação.

Figura 79 – Síntese dos resultados (protocolo número 4)

Elemento	Ícone	Localização	Representação	Vida/ Morte
1 - Queda	Cometa	Aulas remotas	"Hoje o meu maior desafio de conexão com estudantes com TEA são as aulas remotas."	*Morte*
2 - Espada	Espadas cruzadas	Sala dos professores	"Aqui as batalhas são travadas, pois temos professores com pensamentos muito divergentes." "Alguns professores reproduzem discursos preconceituosos e excludentes que não fazem mais sentido nos dias de hoje."	Vida
3 - Refúgio	Casa	Psicopedagógico	"Este espaço é um porto seguro, onde eu encontro outras pessoas que tem pensamentos semelhantes ao meu."	Vida
4 - Monstro Devorador	Máscara vermelha com chifres	Aulas remotas	"Hoje o meu maior desafio de conexão com estudantes com TEA são as aulas remotas."	*Morte*
5 - Cíclico	Fitas verdes	Sala de aula	"Minha relação com os estudantes tem prazo para terminar. A cada semestre eu recebo novos estudantes."	Vida
6 - Personagem	Humano	Espaço de convivência	"Representa o estudante, como ator principal. É aqui onde ele 'é' de verdade." "Nos espaços de convivência a segregação ainda é mais forte."	*Morte*

Elemento	Ícone	Localização	Representação	Vida/Morte
7 - Água	Gota azul	Sala de aula	"Água, no sentido de divisor de águas. Na sala de aula, durante os trabalhos em grupo, as pessoas são segregadas de acordo com o que podem oferecer ao grupo e os estudantes com TEA podem ser considerados mais 'fracos'."	*Morte*
8 - Animal	Porco rosa	Sala dos professores	"Algumas vezes os diálogos e discursos são irracionais."	*Morte*
9 - Fogo	Chama vermelha	Garagem	"No sentido de transformação (forjado no fogo). No Garagem, as habilidades de estudantes com TEA podem ser exploradas e valorizadas, no entanto, o ambiente acadêmico pode ser muito tóxico e competitivo, o que acarreta em exclusão."	Vida
CORRELAÇÃO VIDA/MORTE (44%/56%)				4/5

Fonte: o autor (2024)

6.1.4.4 Síntese do protocolo de pesquisa número 4 - ATL9

A lógica dramática predomina no protocolo AT9. A articulação dos arquétipos realizada no protocolo ATL.9 foi construída de uma forma integrada que dramatiza os enfrentamentos do professor e a figuração dos alunos com Transtorno do Espectro Autista nos confrontos para a construção das próprias identidades.

a. Os arquétipos que dirigem a ação imaginária no espaço:

- O arquétipo da Espada foi figurado na sala de aula e marca o principal local de confronto dos professores;
- O arquétipo do Elemento Cíclico foi figurado na sala de aula, com uma conotação de vida e reinício (**"Minha relação com os estudantes tem prazo para terminar. A cada semestre eu recebo novos estudantes"**);
- O arquétipo do Refúgio figurou a necessidade do repouso após o confronto: **"Este espaço é um porto seguro, onde eu encontro outras pessoas que têm pensamentos semelhantes ao meu".**

b. Os arquétipos de apoio, de conteúdo polimorfo e polissêmico, figuram a inquietação do autor:

- O arquétipo do Animal figurou a intensidade dos conflitos cotidianos (**"Algumas vezes os diálogos e discursos são irracionais"**);
- O arquétipo da Água figurou os conflitos entre os alunos neurodivergentes e neurotípicos (**"Água, no sentido de divisor de águas. Na sala de aula, durante os trabalhos em grupo, as pessoas são segregadas de acordo com o que podem oferecer ao grupo e os estudantes com TEA podem ser considerados mais 'fracos'"**);
- O arquétipo do Fogo figurou a educação como potencializadora dos alunos neurodivergentes (**"No sentido de transformação 'forjado no fogo'. No Garagem, as habilidades de estudantes com TEA podem ser exploradas e valorizadas, no entanto, o ambiente acadêmico pode ser muito tóxico e competitivo, o que acarreta em exclusão"**).

c. Os arquétipos que expressam a angústia existencial e a passagem do tempo, relacionam-se contextualmente com situações de desconforto:

- Os arquétipos do Monstro Devorador e da Queda expressam a angústia sob a forma do desafio de educar neurodivergentes no ambiente on-line: (**"Hoje o meu maior desafio de conexão com estudantes com TEA são as aulas remotas"**);

d. O arquétipo da Personagem, que suporta a projeção da respondente, figura o potencial de interações tensas entre os alunos neurodivergentes e os alunos neurotípicos: (**"Nos espaços de convivência a segregação ainda é mais forte"**).

A alternância entre os momentos de confronto e os momentos de descanso caracterizam o imaginário dramático do professor, figurado no protocolo de pesquisa. A figuração da angústia cotidiana está direcionada ao uso do ambiente de ensino on-line, onde não é possível o contato mais próximo para potencializar os alunos neurodivergentes.

A angústia é figurada através dos arquétipos da Queda e do Monstro Devorador, situados no espaço de acesso remoto. Esse espaço é caracterizado como figital (Meira, 2022) e multicultural (Rossi, 2023), e é parte integrante da constituição de identidade no processo educacional em ambientes de complexidade elevada.

O deslocamento imaginário caracteriza traços dos embates cotidianos: os professores, entre a sala de professores e o espaço psicopedagógico, e os alunos, entre a sala de aula, os espaços de convivência e os laboratórios de experimentos educacionais.

Existe uma predominância negativa na percepção da alteridade no protocolo número 4, em que a respondente encontra uma posição positiva para si, mas identifica como negativa a posição do aluno com TEA. O resultado (Figura 68) é uma correlação negativa da relação de forças (**44%/56%**).

A representação da identidade imaginária move-se entre um espaço de enfrentamento (Espada na sala dos professores) e um espaço de descanso (Refúgio no apoio psicopedagógico), correspondendo consistentemente com o imaginário dramático do teste AT9.

A representação da alteridade em conflito utiliza os elementos simbólicos de apoio (Água; Fogo) para situar duas diferentes formas posicionar os neuroatípicos no espaço: a) a segregação observada (**"Nos espaços de convivência a segregação ainda é mais forte."**) e b) a potencialização pela aprendizagem (**"no Garagem, as habilidades de estudantes com TEA podem ser exploradas e valorizadas"**).

6.2 Síntese dos dados do teste antropológico - AT9

O grupo de alunos participantes do protocolo de pesquisa apresentou-se homogêneo relativo aos fatores que poderiam causar variações nos resultados do protocolo de pesquisa. Observou-se o conjunto de considerações de Yves Durand (1988, p. 138–140) sobre os quatro aspectos a serem acompanhados na aplicação de pesquisas com a utilização do protocolo AT9: o sexo, a faixa etária, o grau de maturidade e o nível social dos participantes.

A diferença sexual, segundo Durand, não interfere na manifestação das estruturas de sensibilidade do imaginário, uma vez que tanto respondentes do sexo masculino como respondentes do sexo feminino podem expressar-se, indiferentemente, sob a forma heroica ou mística, a depender do grau de intensidade com que estejam conectados àquela forma do imaginário. Essa indiferenciação não diz respeito à identidade de gênero, uma vez que a pesquisa de Danielle Rocha Pitta (2008, p. 70) identificou uma correlação do gênero masculino com o imaginário heroico e do gênero feminino com o imaginário místico. A diferença se dá em termos de intensidade da adesão, visto que uma vinculação do tipo super heroica tem um grau de adesão mais intensa do que uma vinculação heroica descontraída, pelo fato de que esta última forma de vinculação apresenta uma presença maior de elementos simbólicos do imaginário místico. Do mesmo modo, uma vinculação do tipo super místico apresenta um grau mais intenso do que o tipo místico lúdico. Em ambos os casos, é interessante investigar a intensidade da presença de elementos simbólicos do imaginário dramático.

A faixa etária significativa, segundo Yves Durand (1988, p. 138–139), ocorre entre os 16 e os 80 anos. Segundo o autor, na faixa abaixo dos 16 anos, a apresentação do protocolo pode encontrar dificuldade de expressão do pesquisado, e acima dos 80 anos, existem as tendências ao predomínio do imaginário místico e das formas desestruturadas de expressão. A interferência da maturidade dos pesquisados, segundo Durand (1988, p. 139), manifesta-se no fato de que a média de resultados das formas do imaginário (heroico, místico e dramático) mantém-se relativamente constante independentemente do nível de amadurecimento intelectual do pesquisado, mas a taxa de estruturas defeituosas aumenta com a diminuição do nível de amadurecimento intelectual.

A interferência do nível social sobre o desempenho é identificada por Durand (1988, p. 140) como um fator importante porque o respondente insere na expressão da criatividade o nível de participação na cultura de que faz parte, inserindo "a conotação e o repertório de imagens próprios" na elaboração da atividade criativa do protocolo de pesquisa.

Retirou-se a restrição de tempo para a realização do protocolo de pesquisa aos respondentes neuroatípicos, a fim de contornar as possíveis dificuldades relacionadas à expressão dos aspectos simbólicos pelos alunos neurodivergentes.

A homogeneidade do grupo manifestou-se na faixa etária comum, no fato de apresentarem um mesmo grau de instrução e na inexistência de diferenças nas estruturas de sensibilidade do imaginário presentes nas respostas aos protocolos dos alunos de graduação pesquisados, todos neuroatípicos, e em relação aos pesquisados neurotípicos, do protótipo aplicado. Não existe, nos protocolos aplicados aos alunos da graduação, nenhuma variação significativa da estrutura que possa ser atribuída a uma interferência negativa do espectro autista.

Figura 80 – Síntese dos resultados do teste AT9

Elemento	Imagem	Função	Simbolismo	Vida/Morte
1 - Queda	Personagem caindo (3); penhasco;	Obstáculo (2); movimento; Dificuldade	Falha; medo; sacrifício; problema	Vida; *Morte* (1/3)
2 - Espada	Espada com personagem (2); espada com o monstro (2)	Ataque; desejo; morte; arma	Ataque; poder; vontade; força	Vida; *Morte* (2/2)
3 - Refúgio	Refúgio; caverna; casa (2)	Repetição eterna; casa do monstro; residência; desejo	Calma; monstro; segurança; porto seguro	Vida; *Morte* (3/1)
4 - Monstro	Personagem humano; monstros famintos; dragão; cobra	Questionar o sentido; ser o monstro; terror; vilão	Identidade; maldade; mal; desafio	*Morte* (0/4)

Elemento	Imagem	Função	Simbolismo	Vida/Morte
5 - Cíclico	Sala infinita; fome e regeneração; chicote; chuva	Situação eterna; maldade; Arma; irrigação	Vida; pressões; restrição; tranquilidade	Vida; *Morte* (3/1)
6 - Personagem	Pessoa caindo; herói; cavaleiro; homem	Atacante; recuperar a espada; matador; principal	Persona; coragem; obrigação; alguém que luta	Vida (3/1)
7 - Água	Poça; chuva; lago; queda d'água	Obstáculo (3); energia	Imprevisível; encharcado; deus; força motriz	Vida; *Morte* (3/1)
8 - Animal	Porco; cachorro; vaca e ovelha; cobra	Presa; companheiro; fazenda; vilão	Função; amizade; ociosidade; dificuldade	Vida; *Morte* (2/2)
9 - Fogo	Tocha (2); bafo do dragão; fogo	Indicar o ataque; ajudar o herói; ferocidade; casa da cobra	Intensidade; ferramenta; mal; perigo, medo	Vida; *Morte* (1/3)
CORRELAÇÃO VIDA/MORTE (53%/47%)				20/18

Fonte: o autor (2024)

A cultura compartilhada pelos respondentes neuroatípicos, considerada a polarização das forças de coesão figuradas na composição, apresenta um conjunto de características comuns:

a. Observa-se a predominância de forças positivas (Figura 80) que estão expressas sob a forma de elementos simbólicos associados à vida **(53%/47%)**, reforçando a posição da personagem (força positiva - **53%**) em detrimento da posição do monstro (força negativa - **47%**);

b. O compartilhamento, entre os alunos da graduação, da percepção de que os instrumentos disponíveis para fazer frente às dificuldades não são suficientes.

Os registros dessa percepção: no protocolo número 1, o monstro é dono da espada e o personagem está em fuga; no protocolo número 2, os monstros são os guardiões eternos da espada; no protocolo número 3, a espada não tem o poder suficiente para derrotar o monstro, que morre como resultado da queda;

c. Existe uma diferenciação nas figurações da sensibilidade heroica entre os respondentes da área de Ciência da Computação e o respondente da área de Design:

Os protocolos número 2 e 3, da área de Ciência da Computação, expressam formas do imaginário heroico, em que predomina o confronto, e o protocolo número 1, da área de Design, expressa uma forma negativa do imaginário heroico, em que se apresenta uma rejeição às interações ocorridas no interior do espaço institucional. Em ambos os aspectos, a diferenciação precisa ser tomada em consideração, porque diz respeito ao modo como o acesso ao pensamento de Design os está afetando, seja pela conexão aos conceitos ou pela materialidade das interações nos espaços de aprendizagem;

d. Existe uma tensão entre os gêneros que se expressa através de uma fuga, no protocolo número 1:

A atualização do arquétipo do animal (um porco) dramatiza um confronto contínuo entre as representações do gênero masculino e do gênero feminino no interior dos espaços de convivência.

As evidências simbólicas registradas nos itens a), b) e c) demandam, por parte dos orientadores e facilitadores dos processos, uma atenção especial à seleção e à cocriação do instrumental necessário às interações com os participantes neuroatípicos, com vistas a criar um processo integrativo e reduzir as tensões resultantes dessas interações.

A evidência presente no item d) merece uma investigação relacionada à necessidade de criação de espaços privativos que permitam maior conexão individual e que assegurem momentos de descanso e conforto, com resguardo de exposição física.

Figura 81 – Estrutura do imaginário da graduação em Design

Fonte: o autor (2024)

A predominância de manifestações de estruturas de sensibilidade heroicas nos estudantes de graduação (Figura 81) pode indicar a necessidade de um amadurecimento em relação ao contato continuado com as metodologias de Design. A evidência encontra-se em oposição ao fato identificado entre os estudantes e professores com níveis de contato mais amadurecidos com essas metodologias.

Figura 82 – Fontes de influência da graduação em Design

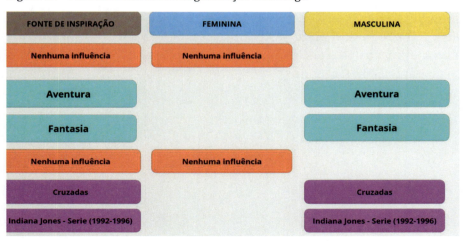

Fonte: o autor (2024)

As fontes de influência (Figura 82) indicadas pelos respondentes dos protocolos de pesquisa AT9 indicam um alto grau de homogeneidade e uma ausência absoluta de influências de origem afro-diaspórica e indígena, considerando a predominância do processo de formação da nacionalidade brasileira. A evidência se apresenta em franco distanciamento do imaginário da cidade, identificado nas pesquisas referidas (Pitta, 1992), que indicam a forte presença de um imaginário feminino, das águas, na cidade do Recife.

O conjunto dos elementos simbólicos figurados nos protocolos das pesquisas número 1 a 4, dos estudantes com TEA e da professora que interage com o grupo, apresenta oposições polarizadas, que atualizam as forças simbólicas de vida e de morte, em três eixos de significação: a) oposições entre natureza e cultura; b) oposições entre rural e urbano; c) oposições entre superior e subordinado.

- Simbolismo da natureza: porco, cachorro, vaca, ovelha e cobra;
- Simbolismo da cultura: casa de campo, casa, chicote, roda d'água e rede;
- Simbolismo de status: cavaleiro, fazendeiro, herói, homem;
- Simbolismo de perda de status: porco (fuga), penhasco (queda), homem caindo (queda).

A pequena amostra de protocolos permite identificar alguns traços significativos da cultura compartilhada e figurada nos arquétipos. Essa figuração pode sofrer alterações resultantes do aumento de evidências que apoiam outras tendências em pesquisas continuadas. Em função dos elementos reunidos, pode-se apontar a tendência à hierarquização e à masculinização dos espaços imaginários (ausência total de representação do protagonismo feminino).

Figura 83 – Natureza, cultura e status

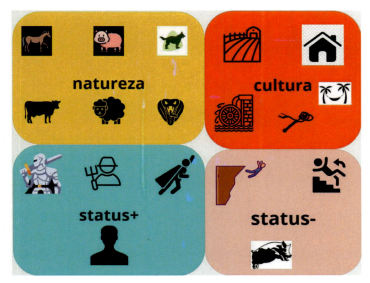

Fonte: o autor (2024)

Os elementos simbólicos utilizados na composição dos ambientes dos testes AT9 (Figura 83) atualizam a persistência do olhar colonial presente nas sociedades descolonizadas, sob a forma da colonialidade, discutida pelos teóricos da descolonização. O conjunto de elementos está referido nas narrativas a coisas e pessoas. Essa persistência apresenta relação com as formas de apropriação de métodos desenvolvidos entre diferentes contextos de colonização do saber. A esse respeito, a antropóloga Rita Segato (2021) destaca que o processo de descolonização mantém, nas sociedades que sofreram a colonização, aspectos de desigualdade nos acessos ao poder e ao saber. Esses aspectos são partes importantes da persistência do patriarcado, e são designados, respectivamente, colonialidade do poder e colonialidade de saber.

A categoria de coisas está dividida em dois campos opostos que representam a natureza (cavalo, porco, cachorro, boi, ovelha e cobra) e a cultura (fazenda, casa, moinho, chicote e rede). Essa divisão possui correspondência no imaginário colonial, no qual a imposição do colonialismo é apresentada como uma evolução em direção à cultura, e os nativos são apresentados como integrantes da natureza a serem submetidos pelo universo da cultura.

A categoria de pessoa é representada através das personagens figuradas (cavaleiro, fazendeiro, herói e homem), cujo caráter de exclusivismo masculino marca outro traço significativo do imaginário colonial e patriarcal. As simbolizações das personagens excluem a presença de indígenas, afrodescendentes e mulheres, que representam categorias sociais excluídas no imaginário colonial. Nessas figurações as personagens masculinas estão submetidas a uma mesma dinâmica de ganho (ascensão masculina) ou perda de status (precipício, escada e fuga). O elemento simbólico representado pela rede de dormir, que pertence à cultura indígena, encontra-se inserido no contexto colonial de rede de varanda da fazenda, presente na iconografia dos autores referidos.

Dessa forma, observa-se que o uso do teste AT9 permite identificar comportamentos sociais persistentes que atravessam grupos e categorias sociais. As imagens da colonialidade que persistem no imaginário dos grupos contemporâneos estão presentes em registros realizados por viajantes coloniais, como Jean Baptiste Debret (1768–1848) e Johann Moritz Rugendas (1802–1858).

Além da persistência de imagens comuns ao imaginário compartilhado, o uso do protocolo AT9 no processo de construção da empatia com os alunos neuroatípicos torna possível compreender as expectativas e diferenças de perspectivas dos envolvidos nas interações. O aluno neuroatípico consegue perceber as inquietações atribuídas às personagens da composição em relação com as próprias inquietações. A compreensão dessas perspectivas torna possível uma interação mais inclusiva, como veremos nas interações nos espaços compartilhados.

Não existe diferença qualitativa ou quantitativa entre os testes realizados com os entrevistados neuroatípicos e outros protocolos realizados com entrevistados neurotípicos. O uso dos elementos simbólicos envolve um vocabulário simbólico que permite expressar a imaginação em condições que retiram qualquer diferenciação entre neurotípicos e neuroatípicos.

6.3 Síntese dos dados obtidos do Inquiridor Gráfico Semiótico (IG)

A segunda interação com o grupo de pesquisa foi realizada com o apoio do Inquiridor Gráfico Semiótico, desenvolvido para uso na pesquisa de conceitos (Lackovic, 2020). A ferramenta semiótica foi aplicada em um processo de integração da imagem em um processo dialógico de aprendizagem, no qual a imagem foi utilizada como elemento da construção do aprendizado, em oposição ao uso comum que consiste em utilizar a imagem como ilustração de conceitos.

O objetivo da incorporação de imagens através do Inquiridor Gráfico Semiótico foi permitir que o foco fosse direcionado da percepção para a articulação entre as imagens que formam a rede significativa dos conceitos e o conjunto de imagens conscientes e inconscientes que moldam o espaço perceptivo. Utilizou-se a modificação do foco perceptivo (Lackovic, 2020, p. 92) para a conexão entre imagens da internet e as imagens constituidoras do sujeito, através "do engajamento crítico e criativo de questionamento."

A pesquisa promoveu entre os envolvidos um processo de comunicação entre a imagem selecionada, recortada da realidade, e a realidade que está contida na atividade de seleção, que conecta a imagem externa e a imagem interna significativa. Esse movimento entre o concreto e o abstrato permitiu o cruzamento entre as perspectivas dos diversos envolvidos (Lackovic, 2020, p. 155):

> O aprendizado se que utiliza de imagens em uma inquirição gráfica, assume o papel de uma 'experiência desenhada' com imagens, de forma que a imagem da experiência desenhada pode ser explorada e abstraída ou, na direção inversa, uma idéia abstrata, um conceito ou teoria, podem ser incorporados em uma imagem. Abstração, representação e exploração são vistas como um sistema relacional no interior do inquérito, uma composição sociomaterial construída com o pensamento.

O artefato semiótico produzido apresenta uma reversibilidade entre cada imagem selecionada como idêntica ao aspecto da realidade e o universo de imagens que formam as constelações íntimas de cada pesquisador. O imaginário daquele que realiza a busca foi mobilizado pelo processo de construção de sentido através do agenciamento dos próprios símbolos significativos, o que permitiu contornar as dificuldades que são atribuídas às pessoas com autismo que lidam com conceitos abstratos.

Lackovic (2020, p. 159) argumenta que o processo de ensino-aprendizagem de conceitos precisa considerar que a constituição de imagens ao longo da existência é mediada pela corporeidade, porque o mundo é sentido em sua espacialidade, visualidade e taticidade. Dessa forma, o método de pensamento com imagem incorpora os aspectos da corporeidade, para que o pensamento e a ação não se desenvolvam longe das relações com o mundo e em um vazio de "entidades não materiais". A conexão entre o conceito de INCLUSÃO e o ambiente de aprendizagem foi explorada com a finalidade de transformar o espaço físico da instituição de ensino em espaço simbolizado pelos aspectos da inclusão.

O objeto semiótico resultante da operação do Inquiridor Gráfico (Figura 45), pontua Lackovic (2020, p. 195), é um artefato epistêmico, como um anzol ou um arpão que têm uma existência física em atuação no mundo, mas que correspondem a um modo de incorporação do pensamento ou da vida mental que antecede a confecção. A autora destaca o IG como uma representação visual externa e integrada, um artefato, como os signos, símbolos, gestos, imagens ou outros, identificados pela psicologia e pelas ciências do conhecimento.

Figura 84 – Imagem-conceito

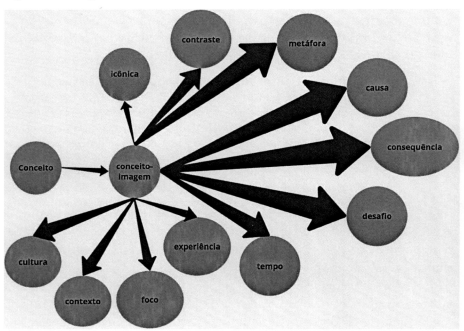

Fonte: o autor (2024)

A imagem-conceito (Figura 84) elaborada por intermédio do Inquiridor Gráfico Semiótico (IG) é um artefato, uma estrutura diagramática que conecta as imagens com as descrições verbais e permite a interdisciplinaridade na construção de conceitos. A rede conectada de conceitos construída é passível de navegação e clusterização.

A inquirição apoiada no suporte semiótico realizada por cada aluno neuroatípico tornou possível contornar a existência de competição com alunos neurotípicos, porque cada aluno pode mobilizar as imagens que lhe são íntimas, sem que haja um favorecimento em relação ao *background* anterior ou à velocidade de acesso a definições padronizadas dos conceitos.

O repositório de imagens disponibilizado na Figura 85 pode ser navegado e compartilhado como fonte de elementos visuais integrados por constelações imaginais, que conecta diferentes estruturas de sensibilidades do imaginário individual.

Figura 85 – Imagem-conceito da inclusão

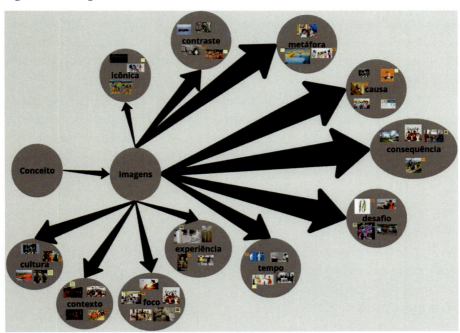

Fonte: protocolo de pesquisa (2024)

O processo de ensino-aprendizagem adquire a configuração de uma interação dialógica guiada pela questão conceitual que orienta a seleção da imagem de cada classe. Cada um dos envolvidos reconheceu a mudança de percepção sobre o conceito após a realização da atividade de pesquisa (Figura 85).

6.4 Síntese dos dados do Teste Antropológico de Lugar (ATL9)

O teste ATL.9 é o resultado da elaboração realizada pela antropóloga Danielle Pitta sobre a metodologia do teste AT9 do psicólogo Yves Durand, que foi desenvolvida pela arquiteta Tânia Pitta, em pesquisas desenvolvidas nas cidades do Recife, região do Morro da Conceição, na cidade de Noto, na Sicília, e na cidade de Paris, na França. A aplicação dos elementos arquetípicos do teste AT9 aos espaços compartilhados destina-se, como pontua Tânia Pitta (2015), a "abordar os processos que agem de maneira invisível e difusa em nossos territórios."

A terceira interação com os voluntários neuroatípicos que formam o grupo de pesquisa foi realizada com o suporte do Teste Arquetípico de Lugar (ATL9). O teste foi utilizado como uma forma de suporte para a análise do grau de inclusão do espaço compartilhado, por meio de atividades a serem desenvolvidas individualmente com cada participante. O ATL9 permitiu a criação de uma estrutura de apoio para a prototipação das relações compartilhadas no espaço comum.

A relação entre indivíduos neuroatípicos (TEA) e indivíduos neurotípicos, em uma cultura predominantemente neurotípica, apresentou a neurotipicidade como a posição dominante. As interações entre os estudantes nos espaços cotidianos servem como fonte de avaliação do grau de inclusão nos contatos informais e sem supervisão direta dos professores como acontece nas salas de aula. Nessas interações estão manifestas as formas de espacialização do imaginário e os níveis de conforto ou desconforto dos participantes sofre alterações significativas.

O Teste Antropológico de Lugar (ATL9) foi utilizado como estrutura de suporte para a reconstrução das interações no interior do espaço institucional, com foco na forma como essas interações são percebidas pelos indivíduos neuroatípicos.

Danielle Pitta (2018) expandiu o método experimental de investigação do imaginário desenvolvido por Yves Durand para a aplicá-lo ao estudo do território:

> Trata-se de desenhar e dispor em um mapa de um bairro ou de uma região, os 9 elementos do teste são aplicados a um número representativo de habitantes do lugar, com a finalidade de se obter um mapa sensível do mesmo. O novo método foi batizado por Tania Pitta de ATL9 (arquétipo

teste do lugar de 9 elementos) (Pitta, 2015). Anteriormente o mesmo teste foi aplicado no estudo de um colégio, os arquétipos (positivos ou negativos) sendo representados e situados na sala da diretoria, nas salas de aula, no pátio do recreio e nos banheiros. (Garcez, 2000).

Aplicou-se na pesquisa a orientação dos estudos minietnográficos para grupos reduzidos, em função do conhecimento necessário se resultante da interação entre pessoas neurotípicas e neuroatípicas. Aplicou-se o Teste ATL.9 ao conjunto dos alunos neurodivergentes e a uma professora diretamente conectada com esses alunos.

Inicialmente, solicitou-se a cada um dos alunos, em atividade on-line, que construísse um mapeamento do espaço da casa em que vivia. O mapa deveria ser construído com o uso de dois recursos simples (um círculo e um traço). O círculo deveria representar a porção do espaço, que deveria ser nomeado, e o traço deveria indicar a conexão entre as porções do espaço representado. Em seguida, solicitou-se que os caminhos mais frequentemente usados fossem conectados com alguma forma de destaque (traços mais intensos).

A etapa seguinte consistiu em realizar a mesma atividade com os espaços constituintes da área de circulação da instituição de ensino, a fim de produzir um mapa afetivo dos espaços memoráveis trilhados ao longo do curso. Após o mapeamento dos espaços formadores da área onde se desenvolve o estudo universitário, como as salas, corredores e demais ambientes, solicitou-se que os arquétipos constituidores do teste ATL9 fossem distribuídos sobre o espaço. Em seguida, foram incluídas notas com as motivações para estabelecer a correspondência entre os arquétipos e os espaços selecionados para eles.

Essas experiências nos ajudam a contextualizar as relações entre as pessoas e os espaços, buscando identificar as projeções do imaginário individual e as características do espaço coletivo compartilhado. A projeção dos elementos simbólicos sobre o espaço permite uma qualidade de percepção do espaço que não está centrada em valores de funcionalidade ou organicidade. O espaço qualificado através dos arquétipos é uma espacialização do imaginário coletivo que apresenta as tensões do cotidiano vivido, sob uma forma que ultrapassa a percepção consciente dos usuários e produz insights para entender as relações afetivas e cognitivas.

A homogeneidade do universo de pesquisados, identificada com o propósito do protocolo AT9, também se aplica ao protocolo ATL9: o sexo, a faixa etária, o grau de maturidade e o nível social dos participantes. Esta homogeneidade, contudo, refere-se ao próprio universo de estudantes do nível superior em Design e não é exclusividade do segmento de estudantes com alguma neurodivergência. A homogeneidade pode ser aferida, indiretamente, pelo fato de que os ambientes de residência dos participantes possuírem entre seis e dez cômodos em uma capital com o terceiro maior custo de aluguel por metro quadrado, estimado em R$ 53,14/m2.

Figura 86 – Arquétipo-base (ATL 9)

Fonte: o autor (2024)

Os arquétipos (Figura 86) representativos da angústia (Monstro e Queda) relacionam-se com os desafios e dificuldades identificados na vivência dos espaços compartilhados e em função das expectativas aceitas ou impostas.

- A professora identificou o Monstro como a dificuldade de se comunicar com os alunos com Transtorno Autista no ambiente on-line e encontra o arquétipo da Queda nas insuficiências da escuta adequada no mesmo ambiente;
- A aluna sinalizou com o Monstro a área de lazer, onde a presença de estudantes de Ciência da Computação se transforma em contatos desconfortáveis, e a Queda está associada ao medo de se sentir ridicularizada em um tombo;
- O aluno atribui o arquétipo do Monstro a uma pintura na parede, por se sentir seguro no ambiente compartilhado, e o arquétipo da Queda foi associado à escada como símbolo do controle sobre

os riscos do ambiente. Essa distribuição reforça a percepção de que o espaço é mais desconfortável para o gênero feminino do que para o feminino.

Observou-se nos protocolos número 1 e número 4 que o uso dos espaços se constitui em manifestação de territorialidade que restringe a livre expressão do gênero. Alguns espaços tornaram-se masculinizados e podem apresentar constrangimentos à expressão da feminilidade. A concentração de arquétipos Monstro Devorador e Espada nesses lugares indica o caráter conflituoso da frequência a eles.

A pesquisa de Danielle Pitta (2008, p. 70) sobre a construção da identidade de gênero, sob a forma de um movimento imaginário entre os polos masculino e feminino do imaginário, pode fundamentar a requalificação dos espaços no sentido de fortalecer a manifestação do feminino no interior dos espaços de conflito.

Figura 87 – Arquétipos indutores de ação (ATL9)

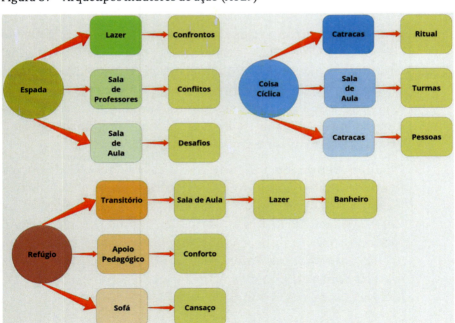

Fonte: o autor (2024)

Os arquétipos indutores de ação (Figura 87) relacionam-se com a qualificação do espaço como área de conforto ou confronto (Pitta, 2010) e são definidores da estrutura de sensibilidade do imaginário. Poderíamos presumir que a escola já se constitui ela própria em um ambiente de refúgio, e isso está correto em relação ao teste AT9, em que o respondente projeta um microuniverso. No caso do teste ATL9, o espaço é amplificado e é ao conjunto de interações memorizadas que se vai atribuir o simbolismo.

O arquétipo da Espada sinalizou os espaços importantes da instituição de ensino (sala de aula, sala de professores, área de lazer) com as qualificações diferenciadoras atribuídas pelos participantes:

- A professora identificou o arquétipo da Espada como os confrontos em defesa da inclusão no cotidiano da sala de professores, atribuiu o arquétipo do Ciclo à alternância das diferentes turmas de aprendizagem e o arquétipo do Refúgio à sala de apoio psicopedagógico, como espaço de recuperação e recarga das energias;

- A aluna identificou a Espada com os confrontos com ideias de objetificação da mulher, presentes nos espaços compartilhados; atribuiu o arquétipo do Ciclo ao ritual diário de acesso aos desafios diários e atribuiu o arquétipo do Refúgio a uma representação transitória da fuga contínua, um movimento da área de mais liberdade (sala de aula) à área de menos liberdade (banheiro), passando pela área intermediária (espaço de lazer);

- O aluno identificou a Espada com a sala de aula, onde outros (com os quais não se identifica) enfrentam desafios diários (aulas/provas); atribuiu o Ciclo ao movimento de pessoas na catraca na entrada da instituição e atribuiu o Refúgio ao sofá, onde costuma se isolar quando se sente cansado. A prática do isolamento pode ser entendida como uma resposta típica de pessoa com autismo ou ser investigada como estratégia de defesa contra a exclusão.

Figura 88 – Arquétipos complementares (ATL9)

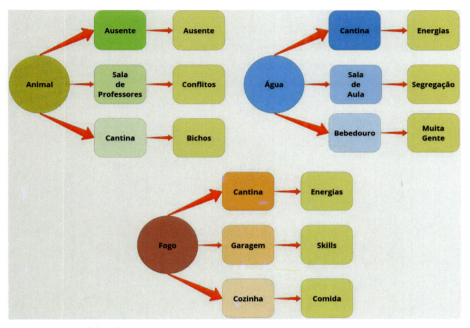

Fonte: o autor (2024)

Os arquétipos complementares do teste AT9 (Figura 88) são arquétipos de reforço que acentuam a polaridade positiva ou negativa do espaço sinalizado. O Animal, a Água e o Fogo atribuíram qualificações diferenciadas aos usos do espaço:

- A professora atribuiu o arquétipo do Animal à sala dos professores, onde identificou comportamentos inadequados no cotidiano; sinalizou com Água a sala de aula, para indicar que discriminações podem ocorrer entre os alunos neurotípicos e os alunos neuroatípicos, que podem receber o rótulo de alunos fracos; sinalizou com o Fogo o ambiente da Garagem, onde ocorre a construção de novas habilidades junto com os alunos com TEA;

- A aluna não utilizou o arquétipo do Animal; sinalizou com a Água a cantina, como forma de indicar um espaço com trocas de energias que podem ser desagradáveis; e, sinalizou com o Fogo o mesmo espaço, com a mesma justificativa;

- O aluno sinalizou com o Animal a área da cantina, por ser a área onde podem ser vistos elementos da natureza; sinalizou com a Água a área do bebedouro, como local onde podem ser vistas muitas pessoas; e sinalizou com o Fogo a cantina, como local de preparação de refeições. As sinalizações reforçam a prática de isolamento pessoal.

Figura 89 – Arquétipo de projeção do sujeito (ATL9)

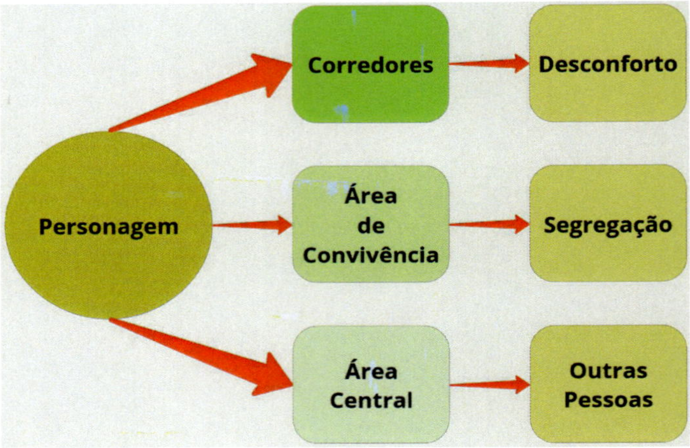

Fonte: o autor (2024)

O arquétipo da Personagem (Figura 89) é utilizado na projeção do sujeito e representa a subjetividade de que realiza o protocolo ATL9. Cada um dos participantes identificou uma posição que corresponde às dificuldades mais prementes que enfrentam no dia a dia:

- A professora identificou a Personagem nas áreas de convivência, onde percebe práticas de discriminação dos alunos sem autismo sobre os alunos com autismo;

- A aluna identificou a Personagem nos corredores da instituição, onde identifica a ocorrência de interações desconfortáveis; e,

- O aluno identificou a Personagem na área central da instituição, onde podem ser vistas outras pessoas reunidas.

O resultado do Teste Arquetípico de Nove Elementos (ATL9) apresenta consistência e as características do espaço estão bem definidas e consistentes:

a. A predominância de simbolização negativa nos protocolos AT9 femininos, **(44%/56%) na figuração das forças simbólicas**, corresponde a uma sinalização concreta das dificuldades identificadas. Possíveis manifestações de machismo no cotidiano, em desrespeito ao espaço próprio feminino, apresentam-se referidas na simbolização reiterada do Refúgio em diferentes lugares do espaço institucional;

b. Em oposição, a percepção masculina do espaço é flagrantemente contrária, com uma correlação predominantemente positiva **(89%/11%) na figuração das forças simbólicas**, ainda que essa avaliação corresponda à aceitação do isolamento e de evitação do confronto nos espaços dos frequentadores neurotípicos.

A diferenciação de gênero presente no espaço compartilhado ocorre de forma consistente no imaginário feminino, uma vez que o protocolo número 1 é do tipo heroico e o protocolo número 4 é do tipo dramático, conforme visto na análise dos dados obtidos através do protocolo AT9.

Figura 90 – Assimetrias identitárias

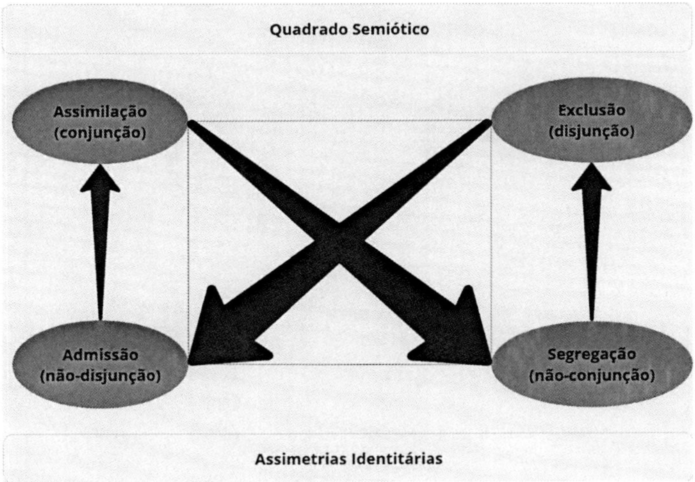

Fonte: o autor (2024)

A fim de tornar claro a estrutura de linguagem que relaciona os conceitos de exclusão e segregação ao conceito de INCLUSÃO, desenvolvido na presente pesquisa, nos utilizamos de um Quadrado Semiótico

(Figura 90), proposto por Landowski (2002), que desenvolve as relações de significação que conectam esses conceitos. A análise da relação entre exclusão, segregação, inclusão e admissão é realizada por Bianca Desidério no contexto de construção da identidade do estrangeiro em relação ao natural ou nativo. Os contextos que opõem naturais e estrangeiros apresentam isotopias aos campos semânticos que opõem os de dentro e os de fora.

No processo de construção identitária, as oposições semânticas são categorizadas nos polos de inclusão e exclusão, mas a construção da desidentificação se desenvolve através dos polos complementares, que são aqueles em que ocorrem as práticas da admissão ou da segregação.

Dessa forma, o incluído ou assimilado pode passar por processos de segregação cujo desdobramento é a prática da exclusão, que pode se dar por abandono voluntário ou constrangimento normativo. No sentido oposto, a inclusão ocorre como um processo por intermédio do qual o excluído é admitido e, em seguida, assimilado ou incluído. A identificação de elementos pertencentes aos campos semânticos opostos indica a persistência de práticas relacionadas aos mesmos. A identificação de elementos simbólicos relacionados aos campos semânticos da segregação e da exclusão trazem insights para a prática pedagógica e para a regulação normativa.

A emergência dessas assimetrias identitárias corresponde a relações de subordinação entre os corpos no interior do espaço, onde o olhar do outro dominante constitui o eu enquanto pessoa, quando o reconhece como igual, ou enquanto coisa, quando lhe nega reconhecimento (Fanon, 2024):

> O conhecimento do corpo é uma atividade puramente negacional. É um conhecimento em terceira pessoa. Ao redor do corpo, reina uma atmosfera de clara incerteza...lenta construção do meu eu enquanto corpo no interior de um mundo espacial e temporal...

A simbolização arquetípica do teste ATL9 permite que se alcance os lugares onde essa constituição do eu e do outro é vinculada por imagens das experiências vividas no interior do espaço compartilhado e que se possa esclarecer os afetos envolvidos nos embates entre os corpos simbolizados.

Figura 91 – Mapeamento simbólico do espaço com o teste ATL9

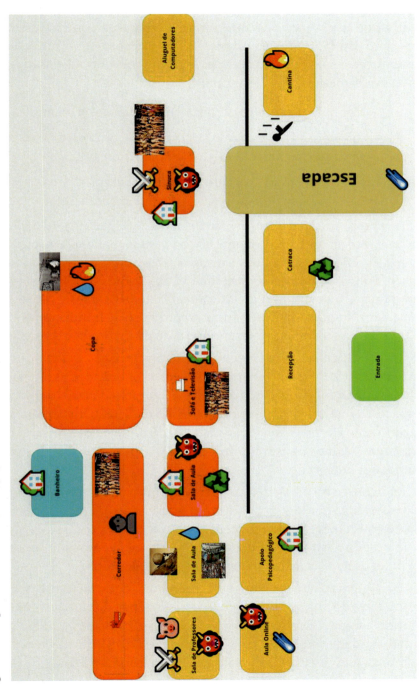

Fonte: protocolo de pesquisa (2024)

A distribuição dos arquétipos no espaço simbolizado (Figura 91) permitiu que se observasse o interior do espaço e os pontos de fricção entres as identidades dos estudantes neurotípicos e neuroatípicos. A representação visual permite situar os locais de concentração dos arquétipos e as questões que eles levantam:

- O aluno e a representação do isolamento, no uso do sofá como Refúgio;

- A professora e a utilização do Monstro e da Queda para representar os desafios e as dificuldades no ambiente on-line;

- A aluna e a representação do Refúgio inseguro, na área de lazer/ sinuca, nas área de TV/sofá, e, por fim, no banheiro.

A representação da "arquitetura sensível" (Figura 91) disponibilizou um espaço simbolizado, no interior do qual se realizou a inserção de imagens significativas para os eventos representativos dos desafios da inclusão. Solicitou-se a cada participante da pesquisa que recuperasse alguma imagem de um aspecto do conceito de INCLUSÃO, constelada pelo artefato "imagem-conceito" criado com o uso do Inquiridor Gráfico, e que a colocasse sobre o espaço simbolizado da instituição de ensino.

Utilizou-se na atividade seguinte uma apropriação da metodologia criada pelo Teatro do Imaginário para realizar a conexão dos participantes com imagens significativas relacionadas a aspectos da inclusão vividos no espaço da instituição de ensino, partindo da consideração inicial de que, conforme Carreri (*apud* Cavinato, 2015, p. 104) "os pensamentos são imagens" e que "pensar por imagens é a experiência do organismo humano todo integrado."

Indicou-se ao participante que selecionasse uma imagem representativa de algum aspecto importante do processo de inclusão, vivenciado no cotidiano. Nesse caso, considerou-se que o processo de alocar os arquétipos no espaço ativou a sensibilidade aos eventos significativos arquivados sob a forma de imagens carregadas de afeto.

Não se deixou de considerar que a profundidade do método desenvolvido no Teatro do Imaginário exige um período longo de amadurecimento e aprendizado para lidar com as matérias constitutivas da imaginação, em conformidade com a pesquisa de Bachelard (2018), que dedicou uma obra inteira à investigação dos elementos materiais da imaginação: a terra, o fogo, o ar e a água. Procurou-se, contudo, um modo de colocar o participante em contato com o evento significativo, a partir da mediação do corpo e do afeto envolvido na criação da memória do evento. O objetivo alcançado foi a conscientização da relação do corpo com o espaço na construção da memória, conforme a indicação do método (Cavinato, 2015, p. 91): "O material de criação somos nós mesmos. Aprender a nós mesmos. Dando imagem, criamos símbolos que remetem aos mitos de origem e assim trazem a narrativa de si mesmo em uma outra perspectiva, um espelho, um duplo."

Quatro imagens foram resgatadas do Inquiridor Gráfico e inseridas no espaço institucional simbolizado: "segregação do homem negro"; "desfile da Victoria's Secret"; "O Sísifo e a Pedra" e "condomínio-favela". O conjunto das imagens relaciona-se com o trabalho duro e a discriminação presentes em interações cotidianas de sociedades pós-coloniais e foi recuperado como sinalizador para as situações de desconforto vividas pelos respondentes da pesquisa.

Cabe destacar que as imagens recuperadas são estereótipos produzidos no interior de um algoritmo de pesquisa. Esse fato, contudo, não invalida de nenhuma forma o resultado da busca realizada porque cada estereótipo imagético mantém com as imagens significativas e íntimas, produzidas pelos eventos, os três tipos de características que Gilbert Durand (1970) atribuiu ao símbolo: o aspecto indicial ou indireto, porque aponta para algo que está ausente; o aspecto icônico ou epifânico, porque são algo visível que se conecta com algo invisível, e o aspecto transcendente, porque representam a persistência que algo existente desde um ponto indefinido no passado.

Considera-se que a camada de imagens inserida ressignifica o espaço, lança luz sobre os problemas mais relevantes que apresentam relação com o conceito investigado e permite um novo aprendizado do conceito, enriquecido por memórias afetivas e experiências cotidianas.

Nesse ponto, é importante articular o resultado do redesenho do espaço pela "arquitetura sensível" e o redimensionamento das relações do aluno neuroatípico, autista, com os alunos neurotípicos, pois as tensões presentes nos espaços da colonialidade são reforçadas pelos conflitos cotidianos. Os alunos neuroatípicos se inserem em um espaço que originalmente pertencia, de modo exclusivo, aos alunos neurotípicos. A perspectiva neurotípica forma o consenso que é desafiado pela presença dos novos egressos ao espaço de identidade.

A nova presença coloca em questão o consenso neurotípico e cria um espaço de resistência a ser superado, com apoio da estrutura educacional, porque existe um desnivelamento de acesso ao espaço existente e o aluno neurotípico já constitui referência de identidade. Esse consenso neurotípico, com a imagem de identidade que lhe corresponde, pode produzir no aluno com autismo uma imagem de identidade fragmentada. O confronto compartilhado pelos alunos neurotípicos permite uma abordagem que se assemelha à estrutura do racismo categórico discutido por Grada Kilomba (2019), que discute as situações de confronto cotidiano como os lugares onde os indivíduos racializados são submetidos a questionamentos que os obriga a responder individualmente pelo corpo, pela raça e pela ancestralidade. Esses questionamentos criam situações de desconforto e incompatibilidade entre os indivíduos e os espaços.

A fragmentação se apresenta sob a forma de questionamentos cotidianos dirigidos aos alunos/alunas atípicos que se veem interpelados sobre expectativas de comportamento atribuídas a uma categoria de pessoas. A discriminação categórica se apresenta na forma de interpelações sobre a identidade, a aparência e a origem da pessoa neuroatípica, tais como: você poderia esclarecer como uma pessoa autista age em uma situação como esta? Você não parece ser uma pessoa com autismo, qual o seu grau? Você tem outras pessoas com autismo na sua família?

Essas situações de confronto indireto criam triangulações entre a pessoa sob questionamento e uma suposta categoria genérica de pertencimento. São questões que não possuem respostas únicas e não estão dirigidas a uma situação presente, porque elas correspondem a um outro questionamento em que se situa a pessoa com autismo em um outro cenário: onde você estaria se não estivesse aqui?

Esse conjunto de questionamentos se soma ao peso do olhar colonial nos espaços de ensino-aprendizagem e as categorias sociais excluídas no espaço colonial (afrodescendentes, indígenas e mulheres) são submetidas a um novo nível de interdição nos embates cotidianos.

Essa resistência consensual é a causa de perfis femininos de pessoas com Transtorno do Espectro Autista terem a percepção de um grau de desconforto superior (**56%**) ao que é percebido pelos perfis masculinos (**11%**), no uso dos espaços compartilhados. A intensidade da resistência pode ser a causa de pessoas com TEA evitarem divulgar o diagnóstico e deixarem de ter acesso a condições institucionais criadas para favorecê-las.

É preciso que o próprio espaço físico contemple graus diferenciados de acolhimento que favoreçam a construção das subjetividades envolvidas, como salas reservadas de estudo ou de repouso. No presente estudo, o espaço físico observado foi construído com características predominantemente heroicas, manifestadas nos aspectos de separação, transparência e acesso direto em todos os ambientes, sem contemplar a presença de espaços mais reservados de isolamento e desconexão.

Observa-se que a mediação do Design proporcionou, entre as sucessivas interações com os envolvidos, um aprendizado colaborativo através do acesso mediado ao imaginário. Essa abordagem permitiu uma progressiva conexão dos participantes à própria estrutura de sensibilidade do imaginário. Essa reconexão apresenta equivalência com o desenvolvimento de uma sensibilidade estética (Azevedo; Scofano, 2018):

> É interessante pensarmos, com fundamento na teorização de Durand, a questão da criatividade no processo de ensino-aprendizagem. Segundo Fernandez (2001) a aproximação de um jovem com problemas de aprendizagem a uma obra literária, a um conto ou a uma pintura pode destravar sistemas defensivos resistentes ao pensar. A experiência estética pode propiciar o reencontro com a capacidade criadora, vencendo o medo de pensar e permitindo o indivíduo descobrir o saber.

Pode-se observar que a mediação do protocolo ATL.9 nas interações dos alunos com Transtorno do Espectro Autista tornou possível a formulação de contribuições de ordem imaginária e inconsciente, que estariam suprimidas ou omitidas pela repetição do discurso sobre a funcionalidade e a modernidade do espaço compartilhado. Nessas interações os alunos foram capazes de expressar a intensidade dos afetos em conexão com as próprias estruturas de sensibilidade do imaginário.

A compreensão dessa perspectiva torna possível uma interação mais inclusiva e permite que o participante neuroatípico adquira uma maior representatividade. Nesse caso, uma perspectiva única sobre o modo como são afetados pela configuração específica do espaço.

7

CONSIDERAÇÕES FINAIS

A aplicação do Design ao processo de ensino-aprendizagem, com um conjunto de alunos neuroatípicos com Transtorno do Espectro Autista e uma professora de um curso superior em Design, permitiu obter resultados que superaram as limitações apontadas pela literatura da área de saúde como restrições para o aprendizado de conceitos abstratos. As dificuldades superadas foram o entendimento de conceitos abstratos e a figuração de eventos da interação social no ambiente de aprendizagem pelas pessoas com Transtorno do Espectro Autista (TEA).

Utilizou-se a técnica de minietnografia para construir a interação com os envolvidos, a fim de dar conta do tamanho restrito do grupo investigado e da curta duração envolvida em um curso de graduação, que tornavam inadequado o uso de técnicas clássicas de pesquisa em etnografia. O suporte dado pela antropologia do imaginário à pesquisa possibilitou que os participantes pudessem ter acesso às próprias estruturas de sensibilidade do imaginário.

A aplicação do teste AT9 permitiu identificar que não existem diferenças qualitativas entre as manifestações do imaginário de estudantes neuroatípicos e as pessoas neurotípicas. A coerência e a consistência dos microuniversos míticos presentes nas composições dos participantes proporcionaram o entendimento da forma como o imaginário cria direcionamentos na percepção e organiza a formação de imagens íntimas de cada indivíduo. Essa mesma configuração permitiu a identificação de persistências coloniais no imaginário contemporâneo.

O uso de uma ferramenta da área de semiótica educacional, o Inquiridor Gráfico Semiótico (IG), apoiou a pesquisa do conceito abstrato de INCLUSÃO, fundamental para o entendimento das interações entre os envolvidos, e trouxe como resultado a construção de um artefato de compartilhamento de imagens associadas a diferentes aspectos do conceito. O artefato resultante do processo de pesquisa dos próprios alunos é uma evidência da importância da mediação semiótica à apropriação de imagens íntimas por meio da imaginação simbólica. A pesquisa permitiu que o participante neurodivergente estivesse em condições de igualdade com usuários neurotípicos e ampliasse as possibilidades de aprendizagem de conceitos abstratos.

O resultado da pesquisa apresenta um conjunto de insights para a discussão de prioridades e perspectivas sobre o tema da inclusão e foi produzido pelos próprios participantes em uma perspectiva em que se tornaram agentes da produção do próprio conhecimento.

A conexão do Arquétipo Teste de Lugar de Nove Elementos (ATL9) foi utilizada por cada um dos participantes para utilizar as imagens, obtidas pelo Inquiridor Gráfico, como sinalizadores do nível de inclusão no espaço compartilhado e permitiu explorar a sensibilidade do espaço à inclusão. Os participantes projetaram sobre a representação do espaço da instituição de ensino as imagens que representavam apoio ou obstrução ao processo de inclusão vivido por cada um. O design do processo permitiu uma imersão no conceito de INCLUSÃO, impossível de ser alcançada em uma descrição abstrata do conceito.

A simbolização do espaço permitiu que se avaliasse, de forma diferenciada, a sensibilidade das diferentes áreas e identificar a conexão afetiva dos envolvidos com alguns eventos memoráveis ocorridos em suas respectivas vivências da inclusão. Esse processo foi fundamentado na abordagem do teatro do imaginário, que permitiu que as imagens estereotipadas fornecidas pelo algoritmo de pesquisa fossem conectadas pelos participantes por meio da memória afetiva.

Considera-se que os objetivos propostos foram alcançados e que os participantes da pesquisa obtiveram um outro nível de acesso ao aprendizado de conceitos graças ao uso das imagens como vetor de uma aprendizagem inclusiva e vinculada ao afeto.

O trabalho de pesquisa articulou o método de pesquisa em *Design Anthropology* e a teoria geral do imaginário de Gilbert Durand com a semiótica educacional de Natasa Lackovic. Desse modo, foi possível o ensino de conceitos abstratos de Design para estudantes neurodivergentes. Dadas as limitações de tempo e espaço de pesquisa com alunos neurodivergentes, são sugeridos os seguintes desenvolvimentos:

- Aumentar a amostra de pesquisados, a fim de identificar a estrutura de sensibilidade imaginária predominante no curso de graduação em Design, e dispor de um modo de aferir o amadurecimento dos alunos ao longo do curso;

- Aumentar a amostra de pesquisados neurodivergentes para verificar se as tendências observadas na presente pesquisa se confirmam em uma investigação mais ampla;

- Aplicar o ensino de conceitos abstratos através de imagens, ao ensino de estudantes neurotípicos, não autistas, a fim de desenvolver referenciais comparativos sobre a aprendizagem de conceitos;

- Aumentar a amostra de voluntários do sexo feminino entre os pesquisados, a fim de identificar se a natureza predominantemente heroica do imaginário na instituição de ensino apresenta diferença entre a graduação em Design e a graduação em Ciência da Computação;

- Desenvolver um mapeamento dos conceitos fundamentais das disciplinas necessárias à formação em Design, a fim de que funcionem como direcionadores para o desenvolvimento do pensamento baseado em imagem.

A pesquisa com apoio no Teste Antropológico de Nove Elementos evoluiu em diferentes direções e o psicólogo Yves Durand propôs a aplicação da metodologia à investigação clínica em psicopatologia. Durand (2005, p. 158) indica o teste AT9 como um método de identificação da fragilidade da relação entre o real e o irreal na estrutura do imaginário presente em cada composição construída no protocolo AT9, sugerindo possibilidades de uso na psicopatologia e na clínica. No presente trabalho, contudo, se utilizou unicamente a tipologia das estruturas de sensibilidade do imaginário. A correlação entre os microuniversos míticos e os diferentes níveis de angústia figurados nos protocolos foi explorada somente para identificar a adequação dos respondentes ao contexto de inclusão figurados nos protocolos. Outros trabalhos poderão explorar as escalas de intensidade da angústia referidas a contextos clínicos ou nosológicos com diferentes perfis de alunos com Transtorno do Espectro Autista.

REFERÊNCIAS

ANGERS, J.; MACHTMES, K. An ethnographic-case study of beliefs, context factors, and practices of teachers integrating technology. **The Qualitative Report**, [s. l.], v. 10, n. 4, p. 771–794, 2005.

APA – AMERICAN PSYCHIATRIC ASSOCIATION. **DSM-5**: Manual diagnóstico e estatístico de transtornos mentais. Porto Alegre: Artmed Editora, 2014.

ARAÚJO, A. F.; BAPTISTA, F. P. **Variações sobre o imaginário**. Lisboa: Instituto Piaget, 2003.

ASARE, E. Unraveling the knot: A microethnography of the use of proverbs, proverbial language, and surrogate languages in an Akan royal court. **Oral Tradition**, [s. l.], v. 34, p. 45–72, 2020.

AZEVEDO, N. S. N. de; SCOFANO, R. G. **Introdução aos Pensadores do Imaginário**. Campinas: Editora Alínea, 2018.

BACHELARD, G. **A poética do devaneio**. 4. ed. São Paulo: Martins Fontes, 2018.

BAYECK, R. Y. Is Microethnography an Ethnographic Case Study? and/or a mini-ethnographic case study? An analysis of the literature. **International Journal of Qualitative Methods**, [s. l.], v. 22, p. 1–6, 2023. Disponível em: https://journals.sagepub.com/doi/10.1177/16094069231172074. Acesso em: 8 abr. 2023.

CARVALHO, A. C. **Imaginário e narrativas arquetípicas**: como criamos heróis e histórias que marcam a humanidade. São Paulo: Criativo, 2021.

CAVINATO, A. A. **Processos de criação**: teatro e imaginário. Curitiba: CRV, 2015.

GUNN, Wendy e DONOVAN, Jared. **Design and Anthropology**. Surrey, England: Ashgate Publishing Limited, 2012.

DURAND, G. **A imaginação simbólica**. Lisboa: Edições 70, 1993.

DURAND, G. **As estruturas antropológicas do imaginário**. São Paulo: Martins Fontes, 1997.

DURAND, G. **Campos do imaginário**. Lisboa: Instituto Piaget, 1996.

DURAND, Y. **Une Technique d'étude de L'imaginaire**: L'AT9. Paris: L'Harmattan, 2005.

ERICKSON, F. Some approaches to inquiry in school-community ethnography. **Anthropology & Education Quarterly**, [*s. l.*], v. 8, n. 2, p. 58–69, 1977.

FANON, Frans. **Pele negra, máscaras brancas**. São Paulo: Editora Ubu, 2024.

FERREIRA-SANTOS, M.; ALMEIDA, R. **Aproximações ao imaginário**: bússola de investigação poética. 2. ed. São Paulo: Portal livre de livros USP, 2020. Selo Galatea.

FREUD, S. [1901]. **Obras completas, volume 5**: Psicopatologia da vida cotidiana e Sobre os sonhos. Tradução de Paulo César de Souza. 1. ed. São Paulo: Companhia das Letras, 2021.

FREUD, S. **A interpretação dos sonhos**. Obras completas, volume 4: A interpretação dos sonhos (1900). Tradução de Paulo César de Souza. 1. ed. São Paulo: Companhia das Letras, 2019.

FREUD, S.; BREUER, J. **Obras completas, volume 2**: estudos sobre a histeria (1893-1895). Tradução de Laura Barreto; revisão da tradução de Paulo César de Souza. 1. ed. São Paulo: Companhia das Letras, 2016.

FUCHS, P. I. *et al.* How to conduct a mini-ethnographic case study: A guide for novice researchers. **The Qualitative Report**, [*s. l.*], v. 22, n. 3, p. 923–942, 2017. Disponível em: https://nsuworks.nova.edu/tqr/vol22/iss3/16/. Acesso em: 19 abr. 2025.

GARCEZ, R. de C. C. **Para uma pedagogia da pichação**. 2000. Dissertação (Mestrado em Antropologia) – Universidade Federal de Pernambuco, Recife, 2000.

GIANNOTTI, S. M. **Encantarias do Sertão**: percepção imaginativa e Imaginação criadora na arte do barro de Maria Lira Marques. 2023. Tese (Doutorado em Educação) – Universidade de São Paulo, São Paulo, 2023.

GUIMARÃES, F. M. **A luta pela terra**: imaginário e gênero. 1998. Dissertação (Mestrado em Educação) – Universidade Federal da Paraíba, João Pessoa, 1998.

HALLETT, R. E.; BARBER, K. Ethnographic research in a cyber era. Journal of **Contemporary Ethnography**, [*s. l.*], v. 43, n. 3, p. 306–330, 2014.

HAMMERSLEY, M. What is ethnography? Can it survive? Should it? **Ethnography and Education**, [*s. l.*], v. 13, n. 1, p. 1–17, 2018.

JUNG, C.G. **O eu e o inconsciente**. Petrópolis: Vozes, 1980.

JUNG, C.G. **Os arquétipos e o inconsciente coletivo**. Petrópolis: Vozes, 2002.

KELLY, L. M. Focused ethnography for research on community development non-profit organizations. **Forum Qualitative Sozialforschung/Forum**: Qualitative Social Research, [*s. l.*] v. 23, n. 2, Art. 3, 2022.

KILOMBA, G. **Memórias da plantação**: episódios de racismo cotidiano. Tradução de Jess Oliveira. Rio de Janeiro: Cobogó, 2019.

LACKOVIC, N. *et al.* Reth**inking educational theory and practice in times of visual media**: Learning as image-concept integration. London: Routledge, 2020a.

LACKOVIC, N. **Inquiry Graphics in Higher Education**: New Approaches to Knowledge, Learning and Methods with Images. London: Palgrave Macmillan, 2020b.

LAHUD LOUREIRO, A. M. (org.). **O velho e o aprendiz**: o imaginário em experiências com o AT9. São Paulo: Zouk, 2004.

LAND, R.; MEYER, J. H. F. **Threshold concepts and troublesome knowledge**: Linkages to ways of thinking and practicing within the disciplines. London: Oxford Brookes University, 2003.

LANDOWSKI, E. Presenças do Outro: Ensaios de sociossemiótica. São Paulo: Perspectiva, 2002. *In*: DESIDÉRIO, B. C. As formas de percepção da alteridade: uma análise da noção de estrangeiro. **Revista Arredia**, Dourados, MS, Editora UFGD, v. 2, n. 2, p. 11–25, jan./jun. 2013.

LEBARON, C. **Microethnography**. The International Encyclopedia of Communication, First Edition. New Jersey: John Wiley & Sons, Ltd, 2012.

LEITE, J.; PITTA, T.; TETI, R. Workshop Imaginários Urbanos: um estudo exploratório da função simbólica no espaço. *In*: Imaginário: construir e habitar a terra. Colóquio internacional, 2017, Lyon. **Atas** [...].

LÉVI-STRAUSS, C. **Antropologia estrutural dois**. São Paulo: Cosac Naify, 2013.

MAENNER, Matthew J. *et al.* Prevalence and Characteristics of Autism Spectrum Disorder Among Children Aged 8 Years — Autism and Developmental Disabilities Monitoring Network, 11 Sites, United States, 2020. **Surveillance Summaries**, v. 72, n. 2, p. 1–14, 2023. Disponível em: https://www.cdc.gov/mmwr/volumes/72/ss/ss7202a1.htm?s_cid=ss7202a1_w. Acesso em: 8 abr. 2023.

MAFFESOLI, M. **Elogio da razão sensível**. 2. ed. Petrópolis: Vozes, 2001.

MEHAN, H. Structuring school structure. **Harvard Educational Review**, [*s. l.*], v. 48, n. 1, p. 32–64, 1978.

MEIRA, Silvio. Trabalho em grupo: como a colaboração favorece o avanço nas aprendizagens. **Signativo**, [*s. l.*], out. 2021. Disponível em: https://www.institutosignativo.com.br/category/rotinas-educativas/. Acesso em: 6 jan. 2024.

NEVES, A. (org.). **Design como pensamento**: uma breve história da metodologia de Design. Recife: UFPE, 2017.

NORMAN, Donald. **Design Emocional**: por que adoramos (ou detestamos) os objetos do dia-a-dia. Rio de Janeiro: Rocco, 2008. Tradução de Ana Deiró.

OLIVEIRA, R.; MEKARI, D. Educação do futuro acontece em um ambiente que mescla o físico e o digital. **Porvir**: inovações em educação, [*s. l.*], 16 maio 2022. Disponível em: https://porvir.org/educacao-do-futuro-acontece-em-um-ambiente-que-mescla-o-fisico-e-o-digital/. Acesso em: 6 fev. 2025.

OTTO, T.; SMITH, R. C. Design Anthropology: a distinct style of knowing, p. 1-32. *In*: GUNN, W.; OTTO, T.; SMITH, R. C. (ed.). **Design anthropology**: theory and practice. New York: Bloomsbury, 2013.

PARO, L. B. *et al*. Transtorno do espectro autista: Uma abordagem da medicina da família e comunidade. **Research, Society and Development**, [*s. l.*], v. 13, n. 3, e6713345188, 2024.

PITTA, D. P. R. Frontières et altérités: Exu. L'altérité vécue dans le Candomblé de Recife (Brésil). **Caietele Echinox**, [*s. l.*], v. 36, p. 167–176, 2019.

PITTA, D. P. R. Imaginário: derivações de métodos no Brasil. **Téssera**, Uberlândia, v. 1, n. 1, p. 154-172, jul./dez. 2018. Disponível em: https://seer.ufu.br/index.php/tessera/article/view/43241/24681. Acesso em: 6 jan. 2024.

PITTA, D. P. R. **Iniciação à teoria do imaginário de Gilbert Durand.** Rio de Janeiro: Atlântica Editora, 2005.

PITTA, D. P. R. O corpo inserido em diversas lógicas culturais: uma poética da sexualidade. **Bagoas**: Revista de Estudos Gays, Natal, v. 2, p. 65–74, 2008.

PITTA, D. P. R. Traditions, structures de l'imaginaire et résistance culturelle des Indiens Fulni-ô du Nordeste du Brésil. **Religiologiques**, Quebec - Canadá, v. 6, p. 1–27, 1992.

PITTA, D. P. R. O impacto sócio-cultural sobre o regime das imagens. **Rev. Bras. Psi.** Rio de Janeiro, v. 32, p. 77-95, out./dez., 1980.

PITTA, T. R. Contribuição para a análise da dimensão simbólica do lugar. Arquétipo Teste de Lugar (ATL9), p. 184-193. *In:* RIBEIRO, Maria Patrício; ARAÚJO, Alberto

Filipe. **Paisagem, imaginário e narratividade**: olhares transdisciplinares e novas interrogações da psicologia social. São Paulo: Zagodoni, 2015.

PORTANOVA BARROS. **Congresso Internacional do Centre de Recherches Internationales sur l'Imaginaire**. Porto Alegre: Imaginalis, 2015.

RI, D. M. G. Learning to Put Everyday Creativity, Semiotics and Critical Visual Literacy Using Inquiry Graphics (IG) Visual Analysis to Work in Social Care. **Irish Journal of Applied Social Studies**, v. 20, n. 2, p. 82–97, 2020.

RIBEIRO, S. H. B. **Prevalência dos transtornos invasivos do desenvolvimento no município de Atibaia**: um estudo piloto. 2007. 114 f. Dissertação (Mestrado em Psicologia) – Universidade Presbiteriana Mackenzie, São Paulo, 2007.

ROSSI, V. **Inclusive learning design in higher education**: a practical guide to creating equitable learning experiences. New York: Routledge, 2023.

SCHWIEGER, D. A. M. Exploring pastoralists' perceptions of desertification tipping points in Namibia's communal drylands: An ethnographic case study from okakarara constituency. **Pastoralism**, [s. l.], v. 12, n. 1, p. 1–15, 2022.

SEGATO, R. **Crítica da colonialidade em oito ensaios**: e uma antropologia por demanda. Rio de Janeiro: Bazar do Tempo, 2021.

STRÔNGOLI, M. T. de Q. G. O imaginário da menina e a construção da feminilidade. **Letras de Hoje**, Porto Alegre, v. 44, n. 4, p. 26–40, out./dez. 2009.

THIOLLENT, M. **Pesquisa-ação nas organizações**. São Paulo: Atlas, 1997.

UNESCO. UNESCO and Sustainable Development Goals. 2022. Disponível em: https://www.unesco.org/sdg4education2030/en?hub=132057. Acesso em: 8 jan. 2024.

WASSON, C.; METCALF, C. Bridging Disciplines and Sectors: An Industry-Academic Partnership in Design Anthropology. In: GUNN, W.; OTTO, T.; SMITH, R. C. (ed.). **Design Anthropology: Theory and Practice.** New York: Bloomsbury, 2013. p. 216–231.

WHITE, K. L. Meztizaje and remembering in Afro-Mexican communities of the costa chica: Implications for archival education in Mexico. **Archival Science**, [s. l.], v. 9, n. 1-2, p. 43–55, 2009.

WUNENBURGER, J. J. **O imaginário**. São Paulo: Loyola, 2007.